JN055491

Athletes Walking on the Bushido

武士道を歩むアスリート

町 田 耕 一 著

揺 籃 社

はじめに

新渡戸稲造は“BUSHIDO: The Soul of Japan”を 1905 年に著わした。この書は米国のルーズベルト大統領が感心を寄せたことでも知られている。三島由起夫も武士道に見せられた人であった。彼は 1970 年に、自衛隊にて、割腹して自決をしたほど、武士道に陶酔した。三島は自著『葉隠入門』の中で、青春時代に、最も心を奪われた書物が、禁断の書とされていた、山本常朝の『葉隠』であったと書いている。

武士道の文献は、1645 年、宮本武蔵の『五輪書』、1656 年、山鹿素行の『武教全書』、1716 年、山本常朝『葉隠』が武士自らの手になる書物で、本書もこれらの文献を参照している。他に高坂弾正昌信の口述の『甲陽軍艦』がある。

宮本武蔵は無敵の武士であったが、絵画の作品を残したり、武士道の書物を書き上げたりし、室町時代に萌芽した文武両道の達人であった。山鹿素行は江戸初期の武家諸法度という武士の倫理規程の生成期で、孔子からの儒教精神に満ちあふれた武士道を探求した。しかし、素行は儒教の体系である朱子学を丸呑みしていたわけではなかった。山本常朝は江戸時代開幕から 100 年後に生まれて、戦いのない太平の世の中で、城主への忠義の行動としての殉死が禁止された時代に生きた。常朝は彼の城主の死に際して、もし、殉死が禁止されていなければ、城主の後を追って死んでしまう程の武士であった。殉死禁止のゆえに、『葉隠』が存在している。『葉隠』は、田代陣基(ツラモト)が隠居生活の山本常朝のもとへ出向いて、常朝の口述を書き記したものであった。

山本常朝の「武士道というは死ぬこととみつけたり」という言葉は武士道の核心であるが、危険であると思われ、永く秘匿され、新渡戸稲造も知らない書物であった。三島由紀夫は、『葉隠』は「三大特色を持っている。1 つは行動哲学であり、1 つは恋愛哲学であり、1 つは生きた哲学である。」と言っている。『葉隠』は江戸時代の成熟した社会で生まれた思想ではあるが、成熟した社会の後に、おとずれる衰退期に、特に必要な思想であると思っている。

筆者は『哲学の道』の著者である岩井義人先生の自宅へ、25 歳から 20 年間、「岩井読書会」へ通い、数多くの哲学書を同僚とともに読んだ。当初、筆者は哲学にうとかったが、年を経るに従い、 哲学思考に馴染んでいった。哲学することとは、ただ思索をすることで、自分の生き方は自分自ら考え出すことが大切である。

鎌倉時代から江戸時代を通じて陶冶された武士による武士道は、明治維新とともに消滅した。しかしながら、武士道精神には普遍性がある。哲学の道、武士道、1人1人の人生も足を1歩踏み出すことから始まる。特に武士道は体を動かすことが中心にある。武士なき現代に於いて、アスリートが武士道精神をより良く感受できる可能性のある人達であり、表題を『武士道を歩むアスリート』とした。

西欧の哲学は合理性を旨とする哲学に特色がある。欧州の中世を批判した科学的精神は、ルネッサンスを招来したが、人間はその合理性に縛られてしまった。近代の産業革命は資本家と労働者の格差をもたらし、その生産力は過剰生産を生み、不況を到来させてしまった。その後、イデオロギーが国家、国内社会の対立を助長した。真実の知識形成はある考えを実践し、経験を経て、確信をえて受容できるものとなる。アスリートには経験を伴わない競技はないのである。アスリートがただ同じ動きを毎日繰り返していても、そのスポーツに飛躍的発展は望めない。むしろ、アスリートには運動と同じくらい思索することが望まれている。他方、知識人へは「知行合一」に合致する思考を願うものである。武士道には「知行合一」の思想がある。

新渡戸稲造の『Bushido: The Soul of Japan』が西欧の人々に関心を抱かせたのには、武士道精神には普遍性があるからである。この普遍性は「第4章 武士道精神の哲理」で考察している。武士道は西洋の実存哲学に勝るとも劣らない。武士道は力強い自己犠牲で未来を創造する道を歩むものである。また、道徳を踏み外さない克己に満ちあふれ、品格（文武両道）を持ち合わせている。

日本で再びオリンピックが開催されるこの時に、思い立って、本書を書き始めた。武士道精神がアスリートと言わず、筆者のようなスポーツ愛好家の一助に、また、向学心のある人の人生を生きる、一助になれば、この上ない喜びである。

令和3年2月8日

東京都調布市にて

町田耕一

武士道を歩むアスリート

第1章　宮本武蔵の武士道

1-1.武家社会の成立

平安時代(794-1192)は貴族社会であった。平安中期には貴族の護衛や警護に、任じられた「侍どころ」と言う場所に「侍」がいた。平安後期になると、地方の私有地の拡大とともに、武装する豪族が現れた。940年、関東では国府軍と平将門との戦いがあり、この戦いでは平将門が勝利をした。やがて将門は朝廷の敵対勢力となったが、朝廷の連合軍との戦いに破れた。この事件を期に武士が発生したとの説がある。

地方では、所領を有する豪族が台頭してきて、この豪族らは「武士」と呼ばれるようになった。豪族の中には皇族の子孫である名門の武士団として、平家と源氏がいた。保元の乱では、崇徳上皇と後白河天皇のとの戦いがあり、後白河天皇が勝利した。この戦いでは武士が権力争いに利用され、地位が向上した。平治の乱では武士団の平家と源氏が争い、平家が勝利した。平清盛は武士として太政大臣となって、武家政権をうちたて、1167-1185年間「平氏にあらずんば人にあらず」と言われるほど権勢を誇った。

1185年、平氏は壇ノ浦の戦いで源氏にやぶれた。今度は「おごる平氏、久しからずや」と言われた。源氏の首領・源頼朝は1192年朝廷から征夷大将軍に任命された。頼朝は鎌倉に、武家政治の拠点を築いた。それから150年間を鎌倉時代と呼ばれた。権威は天皇に、実権は幕府にと言う政治体制が日本歴史の特徴となった。また、この時代に、法然、親鸞、日蓮、栄西、道元が新しい仏教の宗派を誕生させた。武士達は禅宗を歓迎した。

鎌倉時代の1274年と1281年に、北九州で元の蒙古襲来があった。上陸した海岸沿いで抗戦をして、食い止めているさなかに、暴風雨があり、蒙古軍は敗退した。鎌倉幕府成立期には、活躍した武士団は所領が与えられた。与えられた武士は「一所懸命」に土地を統治する意気込みがあった。また、所領に対するご恩として「いざ鎌倉へ」との忠誠を誓っていた。しかしながら、元寇が幕府に与えた影響は、働きのあった武士に、土地を与えることがかなわなかった。やがて、鎌倉幕府は衰退し、1333年、鎌倉幕府が滅亡した。

足利尊氏は征夷大将軍に任ぜられ、京都の室町にて、幕府政治を行なった。室町時代は1136年から1573年まで続いた。室町時代は日本文化が興隆した。建物に関して、「書院づくり」の様式は畳の間に、床の間と棚を備えていて、今日の和室の原型ができた。茶の湯や生け花も生まれた。能や狂言の芸能も誕生した。武士は「文武両道」を旨としていた。

室町時代も、1467 年に応仁の乱が勃発し、下克上の気風が蔓延し、戦国の世となった。戦国時代は 1467 から 1590 年、守護大名に代わって、戦国大名が軍事力と経済力を高めて群雄割拠した。そして、領地拡張の争いが各地で繰り広げられた。国家統一を目論む傑出した武将 3 名が出現した。織田信長の意志は「天下布武」の朱印に現れていて、敵対する勢力を武力で打破して、最終的には争いを無くそうとした。織田信長は自らの権威を示し、絢爛豪華な城を安土に築いた。この時代は安土桃山時代と称された。織田信長が暗殺された後、豊臣秀吉が実権を握り、刀狩り、地検をして、国家行政を整備し始めた。また、豊臣秀吉は天正 15(1587)年に大名間の私闘を禁ずる惣無事令を発令した。その後、小田原城の城主、後北条氏が北方の地にある真田支配の名胡桃城を武力により占拠した事件に対して、秀吉は討伐の実行に後北条氏と同盟している大名を説得した。そして、小田原城攻略に一夜城を築いて、勢力を誇示し、小田原城主を自害させ、本件を終決した。今日からみれば、司法制度の先駆けであった。

秀吉の死後、関ヶ原の戦いで勝利した徳川家康が実権を握り、天下太平の世の、江戸時代を築いた。宮本武蔵（1584-1645）は戦国時代に生まれ、関ヶ原の戦いでは西軍に加わり、敗戦を経験してはいるが、江戸時代初頭を無敵の剣士として生き抜いた侍であった。

宮本武蔵は寛永 17 年（1640 年）熊本藩主・細川忠利に客分として招かれ熊本に移った。この頃、余暇に製作した画や工芸などの作品が今に伝えられている。寛永 20 年（1643 年）、熊本市近郊の金峰山にある岩戸・霊巌洞で『五輪書』の執筆を始めた。そして、また、亡くなる数日前には『五輪書』を兵法の弟子・寺尾孫之允に渡した。この『五輪書』は写本として、今日まで伝承してきている。

宮本武蔵は文武両道の文士として、主要な絵画に、「鵜図」「芦葉達磨図」「周茂叔図」など、書画に、「長岡興長宛書状」「有馬直純宛書状」「独行道」などがある。武蔵が極めた武術の流派「二天一流」で、今日でも引き継いでいる武道家がいる。

1-2.宮本武蔵の『五輪書』

武蔵は二刀流の剣士であった。この二刀流も数人の敵に囲まれ、とっさに太刀と小刀を使ってしまったと言われている。彼は「一刀よりも二刀が強よし」と実感して、二刀流に磨きを掛けていった。武蔵の兵法は必勝することが第一優先であり、スポーツの競技大会に参加したアスリートの目標に通じている。『五輪書』は「地の巻」、「水の巻」、「火の巻」、

「風の巻」、「空の巻」の5巻からなっている。この書物は武蔵が60歳になって著わしたものである。武蔵が『五輪書』を書き上げるまでの経緯を、武蔵は次の通り述べている。

私は、若いころから兵法の道に心をかけ、13歳にしてはじめて勝負をした。その相手の新当流・有馬喜兵衛(ｷﾍｴ)という兵法者に打ち勝ち、16歳になって但馬国(兵庫県北部)部)の秋山という強力の兵法者に打ち勝った。21歳になって都に上り、天下の兵法者に逢い数度の勝負を決したけれども、勝利を得ないということはなかった。その後、国々所々を回って諸流派の兵法者に出会い、60余度まで勝負をしたけれども、一度も勝利を得ないということはなかった。それは13歳から28，29歳までのことである。30(歳)を超えたころ、来し方をふり返ってみると、私が兵法を極めたから勝ったのではなく、生まれつき兵法の才能があって、そのため天の理を離れなかったためか、または他流の兵法が不足していたためではなかろうか。その後さらに深い道理を会得しようと朝に夕に鍛錬を続けたところ、おのずと兵法の道を会得したのは、私が50歳のころであった。

それより以降は、探求すべき道もなく歳月を送ってきた。兵法の道理にしたがって様々な芸術・技能の道としてきたので、万事にわたって私には師匠はいない。いまこの書(『二天一流兵法書』)を著わすにあたっても、仏教や儒教の古い言葉も借りず、軍記や軍法の故事を用いない。この二刀一流の考え方や実の心を書き表すについては、天道と観世音菩薩を鏡として、十月十日の夜、寅の一天(未明の午前四時半頃)に筆を執って書き始めるものである。(①、7-9頁)

武蔵が30歳にいたるまで、剣術の約60試合にて、無敗であったことは、驚嘆に値する。13歳にいたるまでの記述はないが、子供の頃から剣術の達人に憧れ、チャンバラ遊びで負けたときには、悔しい思いがあったと推測される。この悔しさをバネに、兵法と負けない剣術を目指したのであろう。いかなる競技スポーツにおいても、そのスポーツをする切っ掛けと、そして、そのスポーツをする場があることが必要である。近年の日本では漫画の本で、野球、サッカー、バスケットボールなどに、幼少期に触れて、それらのスポーツを始める人もいる。幼少期に偉大な選手への憧れ、自分が偉人になるという希望や夢を抱くことは、その後の成長に重要である。

競技のあるスポーツは宮本武蔵のように強さが求められる。強ければ、学校を代表として、都道府県大会へ、その地域代表として国体へ、さらに強ければ、国を代表としてオリンピックへ参加できる。5輪を象徴とするオリンピックへは競技に参加できただけで、名誉な事である。そのオリンピック憲章の根本原則の1には「オリンピズムは肉体と意志と精神のすべての資質を高め、バランスよく結合させる生き方の哲学である。オリンピズムはスポーツを文化、教育と融合させ、生き方の創造を探求するものである。その生き方は努力する喜び、良い模範であることの教育的価値、社会的な責任、さらに普遍的で根本的な倫理規範の尊重を基盤とする。」と詠っている。文化は自然界にあるものではなく、人間自身か創造した価値であり、教育は生まれながらにある素質を、能力を発揮できるまでに自己形成することである。その能力は鍛錬の仕方により、とどまる所を知らない。能力の向上は喜びであると同時に、観客から称賛される。

武蔵の『五輪書』は競技者への指南書である。古代中国の孔子の思想から発展した、江戸時代の朱子学は山鹿素行の「武士道」に影響を与え、その武士道は社会性、倫理性に富んでいて、オリンピック憲章に通じているものがある。

武蔵は文武両道の人物で、晩年では、芸術作品にも興じ、さらに文人として『五輪書』の執筆をした。武蔵は武術者としては、歴史上のトップランナーで、日本の兵法書の先駆者である。その内容は指導書にとどまらず、文武二道の身体と人間の精神性とを兼ね備えて、心身の鍛錬を通じて、実(マコト)を探求する哲学として『五輪の書』を書きあげた。

人生には段階がある。「地の巻」は大地を踏み固め、確実に歩む、人生になぞらえている。「地の巻」はいわゆる「道」の発見である。徳川家康の遺訓に、人生を道に例えて「人の一生は 重き荷を負うて 遠き道を行くがごとし」としている。武蔵は30歳までは武術の対戦試合に生きた。50歳までは、芸術として絵と書が博物館に収蔵されるほどの美術価値を伴った作品に身を投じた。60歳になり書き始めた『五輪の書』も仏教、儒教、兵法書など読破したうえに、自らの経験知を重ねないと、現代人にも通じる程の普遍性を持った武術の指南書は書けないであろう。武蔵は剣豪として知られているが、人生の各段階で目標を定めて、地に足を着けて、1歩1歩と、鍛錬を重ねて、剣豪、芸術家、文筆家となった。

図表1-1 武蔵の文武二道と二天一流

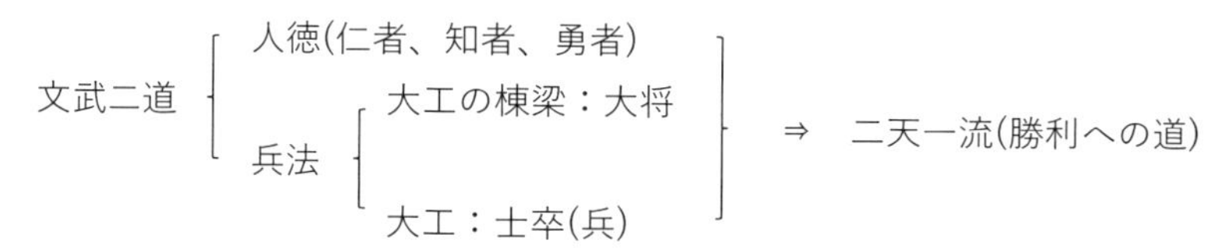

※(　)内は筆者が付記した語句

目的と目標は関連した用語であるが、目的は理想への方向性を示すだけである。目的への意志を示すことで、有意味な生き方となる。武蔵は文武両道に生きた人であったが、理想は実現できない高い領域にある。実現の可能性のあるものが目標（goal）であり、到達点がある。目標は達成した後に、さらに高い目標が存在する。剣道や柔道では、初段を目指す、初段を取って、目標を達成したならば、次に2段を目指す目標が現われる。有段者になるには、練習に汗を流す期間を要する。誰も目標を達成した時には、今までの努力が喜びに転じる。

図表1-1の二天一流の「二天」は抽象的で、様々な二天がある。例えば、文と武、徳と武術、太刀と脇差、こうしたものが統合されると「一流」となり、武蔵の目的「試合の勝利」へと導くのである。これに加えて武術の鍛錬を統合することで、武術の道が出現し、武術の道を「地の巻」で表している。

武蔵は、敵対相手の複数人に囲まれた時、脇差しを抜いて、二刀の構えをした。武蔵と言えば二刀流で今日まで通っているが、武蔵の兵法は、**図表1-1 武蔵の文武二道と二天一流**の中の「二天一流」の流派、また単に「一流」の流派とも称されている。特徴として、太刀のみの一刀の対戦相手に対して、二刀が強いというのが武蔵の流儀である。

武蔵は、**図表1-1**に示しているように、武士団が合戦する場合を大工仕事になぞらえている。大工には棟梁がおり、合戦では、棟梁は大将に相当する。神社、仏閣、城の建築ともなれば、石工、柱大工、欄間の細工など様々な機能職がある。棟梁は様々な仕事人の組織化と、指揮の機能を演じている。中国古代の兵法書『孫子』は天平宝字4（760）年に書かれた『続日本紀』の中で語られていたが、この書の戦略を知っていても、実際の合戦では、相手より強く兵を動かす指揮官が如何に巧に兵を戦わせるかが、勝敗の分かれ目となる。まさに、兵を訓練して、いかに地上戦で兵を動かす時の大将の采配が勝負を決定づける。戦いに於いては勝つことが目標である。

室町時代には、芸道、茶道など日本文化が興隆し、武家屋敷にも書院造をしたごとく、武士は文武両道を是とした。宮本武蔵自身、武術と書画・文人の文武両道を極めた人であった。文人・宮本武蔵の『五輪書』は「地の巻」、「水の巻」、「火の巻」、「風の巻」、「空の巻」からなっている。「地の巻」は文字通り地についた修行論であるが、これに他の4巻を加えると武芸者の道、宮本武蔵の武士道となる。

・地の巻

武士の修行は徳を積むことが不可欠であるとして、次のように述べている。

> 武士が兵法を修行する道について、何事においても人に優れているということが本義であり、あるいは1対1の切合いに勝ち、あるいは数人の戦いに勝ち、主君のため・わが身のために名をあげ、立身もしようと思うこと、これこそ兵法の徳によってできるのである。また、世の中には、兵法の道を習っても、実際のときの役には立たないだろうという考えもあろう。そのことについては、いつでも役に立つように稽古し、いかなる事態にも役立つように教えること、これが兵法の実(マコト)の道なのである。(①、7-9頁)

武蔵は**図表 1-1** に示す「人徳」を武士の目的に掲げている。武士は文武両道において優れている事を目指すものである。武士は武術に優れていれば、戦いに勝つ。立身出世は武術ではなく、人徳によるものである。人徳は世の中の人々が困難に直面している時、事態の解消に尽力をつくして役立つことである。人徳を積むためには、いかなる事態にも役立つように、不断に稽古を重ねる。武術の鍛錬ばかりでなく学問の研鑽も伴っている文武両道を極めることが実の道とする。

武蔵は**図表 1-1** に示す兵法を大工に例えて、次のように記述している。

> 大将は大工の棟梁として、天下の矩(のり)をわきまえ、その国の利非・曲直をただし、その家の秩序を保つこと、まさに棟梁の道である。大工の棟梁は堂塔伽藍の墨金を覚え、宮殿や楼閣の設計図を理解し、職人たちをつかって家々を建てる。これは大工の棟梁も武家の棟梁も同じ事である。(①15頁)
>
> 兵法の道では、士卒たるものは大工であり、自分でその道を研ぎ、いろいろな責め道具をつくり、大工の箱に入れて持ち、棟梁の指示に従い、柱や虹梁(化粧梁)などを手斧で削り、床・棚を鉋で削り、透かし物や彫り物などもして、よく寸法を確かめ、隅々やめんどう(長廊下)までも手際よく仕上げること、これが大工のあり方である。(①、16-17頁)

物事を行う組織には上下の階層がある。建築をするには棟梁と大工が、戦いをするには大将と兵がいる。大工の棟梁は設計図をみて、建設のプロセスを考え、指図どおりに作業が進んでいるか点検をして、設計通りでなければ直ちに修正させる。武家の大将は相手が敵の兵であり、優勢になる戦術に駆け引きをしながら、兵を指揮する。ここでの戦略・戦術の知識は孫子の兵法として知られている。戦略の協議は「五事」注1、戦術の討議は「七計」注1による。良く知られた名言は「敵を知り己を知れば百戦してあやうからず」である。

大工は道具として、のこぎり、ノミ、鉋等をもち、切ったり削ったりできるように道具を準備して、棟梁の指示に応えて物を作る。兵は刀という道具を使えるように刀の刃を研いでおき、大将の指示で敵と戦う。兵の戦い必勝法は火の巻きで述べている。大工と兵は対象が木材か人間かの違いである。共に技量が必要であることが共通点で、修行を必要としている。

武蔵は修行の心構えについて、次のように記している。

> 二天一流の兵法の道は、毎朝毎夕勤めて修行することによって、自然と広いこころになって、多人数や1対1の兵法として世に伝えたいところを初めて書き表わしたのが、地水火風空の五巻である。わが兵法を学ぼうと思う人は、修行の法がある。
>
> 第1に、よこしまでないことを思うこと。
>
> 第2に、兵法の鍛錬に励むこと。
>
> 第3に、もろもろの芸を学ぶこと。
>
> 第4に、さまざまな職能の道を知ること。
>
> 第5に、ものごとの利害・損得をわきまえること。
>
> 第6に、あらゆることについて鑑識力をみにつけること。
>
> 第7に、目に見えないところを洞察すること。
>
> 第8に、わずかな事にも注意すること。
>
> 第9に、役に立たないことをしないこと。(①、31-32頁)

第1，2は喧嘩に強くなる、狼藉を行うといったことで、兵法を修行するものではない、目的を取り違えることなく、ただ武術の向上を目指して鍛錬をする。

第3,4は、武蔵は他の太刀、小刀、槍などの流派の武術を調べたがゆえに、試合相手に勝つ方法を見いだせた。平常心を保つには茶道なども役立つものである。大工の鋘研ぎも、刀の切れ味と関係する。『孫子』の兵法を読むには文字を学習しなければならない。兵法を極めるには諸々の芸と関わっている。それ故に、兵法の一芸は様々な職業と通じている。

第5,6剣術では剣筋が見えることが大切であるが、大工は木を柱に削るには、鋭利な刃で木を削ると、柱として滑らかになるばかりでなく、朽ち難くなり長持ちをすることを知っている。物事への価値観を養い、物事の善し悪しと、その程度が分かるように心がける。

第 7 について、見た目に騙されてはならない。上手い言葉に騙されてはならない。物事の事実を知り、因果を知る。人の言葉よりその人の行動を観察する。洞察力でリスク回避をして、文武両道の道を歩む。

第 8 について、武術は一瞬の隙を争うもので、細心な物事に 5 感を働かせて把握すること。練習試合で一本採られた原因は、体の筋肉の偏りやその日の体調、あるいは太陽の方角だったかもしれない。試合に負けてしまうのは汝自身が敵なのである。

第 9 について、修行期間は限られている。時間を無駄にしない、不注意で怪我をしない。世の中のトラブルに巻き込まれないように生きること。

武蔵の時代より、遙かに科学技術の進歩した今日でも、なお一層、修行が必要である。専門知識の習得を目指して、大学を卒業すると学士の称号が与えられる。学問分野で上位の段階では教師がいる。身近な士では運転士がいるが、更にこの技量を高めるならば、プロのレーサーがいる。武蔵の時代の剣術の修行の場は道場であった。今日でも、この先でも、学習の場は不可欠である。学習(鍛錬)をする目標の意義について、武蔵は次の次項を掲げている。

> 大なる兵法においては、すぐれた部下をもつことに勝ち、軍勢を使うことに勝ち、身を正しく修めることに勝ち、国を治めることに勝ち、民を養うことに勝ち、世の礼儀・作法を守ることに勝ち、いずれの道においても人に負けないということを知って、わが身を助け、名誉をまもること、これが兵法の道である。(①、33 頁)

武蔵の兵法の道は**図表 1-2** に示すように、多義に渡っている。合戦において、兵のリーダー、隊の指揮官となる者がいる。社会においては、人格者として人の上に立つ者がいる。また、領民の生活を向上する行政官がいる。競争においてもルールを守り、他者に勝つ者がいる。なにより勝ち残る者は、兵法の道(総ての道)を努力する必要がある。そして、名誉を重んじ、死後に及んでも汚名を課せられないのが武士である。**図表 1-2 武蔵の兵法の道**を示しているが、アスリートへの道も構成要素としては同じで、部下・軍勢に換えて、トレーナー、コーチのスタッフと置き換える。統治・殖産はスポーツを続ける経済力・経済的援助に置き換える。こうした構成要素のどれかが欠けると、オリンピアンとして良好な成果に届かないのである。次に、敵と戦う時の身のこなし「水の巻」を述べる。

図表 1-2　武蔵の兵法の道

［武士道の目的：心身の鍛錬により武士人格形成］

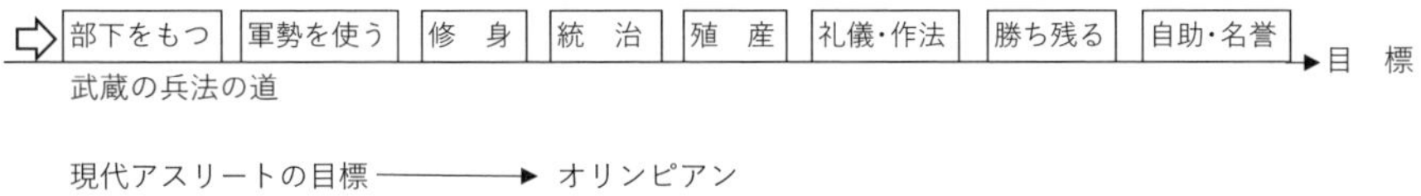

⇨ 部下をもつ ｜ 軍勢を使う ｜ 修　身 ｜ 統　治 ｜ 殖　産 ｜ 礼儀･作法 ｜ 勝ち残る ｜ 自助･名誉 → 目　標

武蔵の兵法の道

現代アスリートの目標 ——→ オリンピアン

・水の巻

水はどの容器にいれても変幻自在である。剣術の対戦相手との対決の方法を水にたとえている。棟梁が柱加工で鉋を使う時、道具の鉋の刃を研ぎ、鉋の刃を調整する。鉋の屑がトイレットペーパーの様に、薄く均一で長く削り出す技を持っている。また、木の木目が逆目か柾目かに応じて、削らなければならない。大工はただ図面で記された立方体に寸分違わずに削ることに満足しない。経験知のある棟梁にはこの柱が 10 年後にどのようにゆがみ、どのように柱の木が痩せるか分かるのである。材木にはそれぞれ木癖がある。この木癖は優秀な棟梁にしか見極められない。よって、木の癖を見定めて、10 年後に図面に近似するのが大工仕事の道理である。武蔵のこの章の書き出しは次の通りである。

兵法二天一流の心は、水を手本として実利的な修行をするので、水の巻として、一流の太刀筋をこの書に書き表すものである。この道をいずれもこまやかに、心のままにはかき分けにくい。たとえ言葉は続かなくても、道理はおのずから解るであろう。この書に書き付けたところを、一々、事々、一字一字について考究すべきである。大雑把に考えては、道を間違えることが多いだろう。兵法の道理ということにおいては、1 人対 1 人の勝負のように書いているところであっても、万人と万人との合戦の道理と心得て、大きく見立てることが大切である。この兵法の道にかぎっては、少しでも道を間違えたり、道の迷いがあっては悪道に陥る。このことは書き付けを読むばかりでは兵法の道に達することはできない。この書き付けたことを、自分自身のこととして、ただ書き付けをみるとか、習うとか思わず、物真似をするというのではなく、すなわち、自身の心の中から見出した道理とするよう、常にその身になって、よくよく工夫しなければならない。(①、35-36 頁)

どの競技スポーツでもアスリートが勘違いして動作をしてしまうことが多々ある。アスリートならば、この地・水・火・風・空をただ読み捨ててしまうという危惧は不要であろう。また、試合で勝利を目論むアスリートは、武蔵が試行錯誤の努力の末に獲得した、武術の核心を自らのスポーツに適応するように努めるであろう。

水の巻では、武蔵は次の各項目について説明している。筆者の解説上、各項目に番号を付している。

①兵法における心の持ち方、②兵法身なりの事、③兵法の目付の事、④太刀の持ち方の事、⑤足使いの事、⑥五方の構えの事、⑦太刀の道と言う事、⑧五つのおもての次第の事、⑨表題二の次第のこと、⑩表題三の次第のこと、⑪表題四の次第のこと、⑫表題五の次第のこと、⑬有構無構の教えのこと、⑬敵を打つに一つの拍子の打ちのこと、⑭二つのこしの拍子のこと、⑮流水の打ちということ、⑯縁のあたりということ、⑰石火のあたりということ、⑱紅葉の打ちということ、⑲太刀のかわる身ということ、⑳打つと当たるということ、㉑しゅうこうの身ということ、㉓しっこうの身ということ、㉔たけくらべということ、㉕ねばりをかけるということ、㉖身のあたりということ、㉗三つうけのこと、㉘面をさすということ、㉙心をさすということ、㉚かつということ、㉛はりうけということ、㉜多敵の位のこと、㉝打ち合いの利のこと、㉞一つ打ちということ、㉟直通の位。(①、36-63 頁)

今日、剣道をしているアスリートにとって、この 35 項目はどれも金言であろう。武蔵は要約して、次のように述べている。

兵法において、太刀をとって人に勝つ秘訣を会得するには、まず五つの面を持って五方の構えを知り、太刀の道筋を覚えて、全身がやわらかになり、心の働きがよくなって、道の拍子を知り、ひとりでに太刀の使い方も冴えて、体も足も思うまま自由自在に動くに従い、1 人に勝ち、2 人に勝ち、兵法における善悪がわかるようになる。(①、63-64 頁)

5 方の構えには、上段、中段、下段と、右脇構えと左脇構えがある、この 5 方の構えが基本で、中段の構えでは、対戦相手に刃先を向けておく。これら 5 つの面のそれぞれに作法がある。太刀の道筋は、早く振ろうとしても、力任せに降ろうとしても、思い通りに振れないので、道筋を鍛錬によって会得する。道筋には一筋であるかもしれないが、急に方向を返すこともある。水のごとし。道筋には打ち込みの拍子があり、打ち込むと見せかけの拍子がある。拍子の駆け引きも水のごとしである。右脇構えは「突き」の道筋に威力がある。下段は払い上げる道筋に優位である。5 方の構えと、続く太刀の道筋の組み合わせは限りなく水の動きの如くである。もし、相手に 1 本取られたならば、地の巻にもどり、「修行の法」

第6の鑑識力、第7の洞察、第8のわずかな事にも注意、でもって、敗因を探求し、効果的な拍子と道筋を探求することである。

武蔵が見出した人徳と兵法からの一流(トップ・アスリート)は他のスポーツに適合する点がある。④の刀の持ち方について、親指と人差指は心持ち浮かせ、中指は締めず緩めずで、薬指・小指を締めて刀を持つと教えている。初心者は5本の全部の指に力をいれてしまう。この左手の握り方法は、ゴルフ・クラブの握り方法と相似している。そして⑮の流水の打ちというのは、ゴルフのスイングにも通じる。武蔵は「自分は身も心も大きくして、太刀を自分の体のあとから、いかにもゆっくりとよどみがあるように、大きく強く打つこと」(①,51頁)と記している。ゴルフのスイングは、ゆっくりとクラブをテイク・バックして、振り下ろす前に淀みをつくり、スイングは体をクラブに先行して動かす。クラブに遠心力が生じれば、綺麗で力強いスイングとなる。

⑤の足の動きもアスリートの参考になる。「足の運びようは、爪先を少し浮かせて、踵を強く踏むようにすべきである。…嫌われる足は飛び足、浮き足、踏みすえ足である。」(①,41-42頁)と。野球でホームランを打てるような、キャッチャー側の足は、足の指は浮かせ気味で、親指の根元部分と踵の部分に力を欠けるのである。サッカーで、ロングシュートをしてゴールを狙うならば、軸足は踵を使って、他方の足でボールをキックするのである。この足使いならば、力強いボールが生まれる。もちろん、足ばかりでなくバットのスイングやキックする足の仕方にも多いに依存している。

③兵法の目付のことは多方面に適用できる。剣術では「目の付けようは、大きく広く付ける目である。観・見(ケン)二つの目の付け方があり、観の目を強く、見の目を弱くして、遠い所を近くに見、近いところを遠くに見ることが、兵法では最も大切なことである。」(①,39-40頁)と。剣術の入門者は相手の太刀の動きを見ようとするが、剣術の経験者は太刀筋を会得しているので、対戦相手の目を見ている。観見の観は試合運びを脳裡にて観ることである。観見の見は相手の隙を感知する。古代ギリシャでは「テオリア(観想)」という語があり、プラトンは高い位置から眺めると言う意味(テアトル)で用いていた、また、アリストテレスは理論(セオリー)という意味で用いていた。武蔵は剣術の鍛錬を通じて、良く観察し、35項目の太刀さばきの考えを理論化した。観・見またはテオリアはあらゆる物事の習得に適用できる。大工仕事、料理、各種のスポーツなど、良く観察して善悪の原因を掴み、善の理屈を発見することである。

二天一流でトップ・アスリートを目指せば、人間性も育まれる。スポーツにも知性が伴っている。野球にて、2アウト、2ストライク、3ボールの時、塁にいる選手は、ピッチャーが捕手に投げたら、次の塁へ走るのである。走塁を確実に決める選手も競争優位のチームとなる。チーム作りで鉄壁な投手の獲得は大事であるが、打撃人が得点できなければ、0対0の引き分けか、負けてしまう。それよりも出塁率の高い選手を獲得する事が、あるいは、選手の練習課題とすることが、勝率が高くなる。この出塁率の向上はマネーボール(money boll)の戦略と呼ばれている。サッカーの国際試合では選手によりディフェンス・ラインを作っていた、1点を競い、相手に得点をさせない競技の戦略である。競技の戦略は兵法では知略と呼ばれていた。武蔵は知略を兵法の道理としている。

対戦で勝利へと導くには、相手に応じて水の如くの戦法をとる。そのための修行について、兵法の使い手になるために「兵法の利(道理)を会得して、絶えず心がけ、焦ることなく、折々手に触れ、兵法の徳を悟り、誰とでも打ち合い、兵法の心を知って、千里の道も一歩ずつ歩むことである。」(①,64頁)と言う。この修行も一歩、一歩、毎日、高見を目指して欠かすことなく行うことである。そして、3年、5年、10年と修行を継続していると、やがて達人の域に届くことになろう。

・火の巻き

この巻は試合に勝つ方法を記したもので、書き出しは次の通りである。

> 二刀一流の兵法では、戦いのことを火になぞらえて、戦や勝負の事を「火の巻」として、この巻に書き表すものである。まず、世間の人々は兵法の利を小さなことと考えて、あるいは指先で手首五寸・三寸ほどの利を知り、あるいは扇を取って肘より先の前後の勝ちを知り、または竹刀などによってわずかな早さを大事にしている。
>
> わが兵法においては、数度の勝負に一命をかけて打ち合い、生死二つの利を判別し、太刀筋を覚え、敵の打つ太刀の強弱を知り、刀の刃や棟の道をわきまえ、敵を討ち果たす鍛錬であって、小さなことなど思いもよらないことである。ことに六具(甲冑)に身を固めた利においては、小さなことなど思い出すことではない。そこで、命がけの打ち合いにおいて、一人で五人・十人とも戦い、そこで確実に勝つ道をしるのがわが流派の兵法である。(①、66-67頁)

この書き出しの前半は地の巻きの剣術である。戦争での戦いはこの「火の巻」戦術が遙かに優位な方法であるとして、武蔵は次の①から㉗の項目を述べている。それぞれ簡単に説明する。読者は各項目を、自らの競技スポーツに当てはめて、考えて見ると良い。きっと、数限りない事例を発見するであろう。そして、競争優位の状況を作り出せるであろう。

①*場の次第ということ*。例えば、太陽を背にして戦うこと、野球でもライトの選手へのフライが太陽のまぶしさで捕りにくいことがある。

②*三つの先ということ*。自分が攻める、相手が攻める、お互いせめるということである。先手必勝、弱いように見せかけ強くうちかえす。お互いで攻めるときは、まず、あしらって相手がゆとりをみせたとき、すかさず強く打つ。

③*枕を押さえるということ*。相手の考えを見抜き、相手の剣先を挫き、敵をあしらうことである。

④*渡を越すということ*。これは、櫓で船を操り安心できる場所へ漕ぐように、自力で状況を乗り越えることである。

⑤*景気を知るということ*。これは、相手の盛衰、心理状態をしることである。

⑥*剣を踏むということ*。これは、相手の剣を踏みつけ、二度と使わせないようにすること、火縄銃でも発射したならば直ちに使えないので、使わせないようにする。

⑦*崩れを知るということ*。これは、敵が態勢を崩したことを察知して、その機をのがさずに攻撃すること。今日ビデオで試合を振り返り、相手のミスを見つけて、この時こうすればと言う反省はよくある。

⑧*敵になるということ*。これは、敵の身になると仮定すると敵のことがよく分かる。敵を知る方法である。

⑨*四つ手をはなすということ*。これは四つ手になるとお互いの張り合いで勝負がつかない、早く戦法をかえて、敵の意表をついた方法で勝つこと。

⑩*陰を動かすということ*。これは、敵の心が読み取れないとき、自分から強くしかけると見せかける。そして敵の戦略をみる。

⑪*影を押さえるということ*。これは、敵がしかけようとしてきたとき、その作戦を押さえる動きをする。

⑫*移らかすということ*。これは、あくびがうつるように、ゆったりと構え、敵が緩んだ隙に攻め入る。

⑬*むかつかせるということ*。これは、危険とおもわせることで、敵の動揺が収まらないう

ちに攻める。
⑭*おびやかすということ。*これは、人は思いもよらないことに脅える。鳴り物でおびやかす。小勢を大勢にみせる。不意を突く。脅えた拍子に攻撃する。
⑮*まぶれるということ。*これはお互い張り合っているとき、敵と絡み合い、有利さのでた瞬間に攻める。
⑯*角にさわるということ。*これは、合戦で敵が一直線だ攻めてくるとき、張り出してきた箇所を攻める。この戦法で角が衰えると敵の勢いが衰える。
⑰*うろめかすということ。*これは、敵をうろたえさせると言うことで、敵の心理を惑わせることで、こちらからかあちらからか、打つと見せかけて付くかと惑わせ、うろたえた瞬間に攻める。
⑱*三つの声ということ。*これは、声を出すことは威勢をみせることである。はじめは大きな声、合戦中は低い声を腹のそこから出す。そして勝った後には大きく強く声をだす。声出しは初・中・後の　3つがある。
⑲*紛れるということ。*これは、敵が大勢いるとき、あっちこっちと逃げては、強い者に攻める。紛れるとは退くことではなく、弱い者にあたっていること。
⑳*ひしぐということ。*これは、敵を弱い者と見下し、自分が強いと思って押しつぶすこと。
㉑*山海の替わりということ。*これは、同じ攻める方法を何度も繰り返すのでなく、効果がなければ全く違った方法で不意に仕掛ける。山に対して、また山でなく海。海の次は川。
㉒*底を抜くということ。*形式的には負けていても相手の闘志を絶やし、敵が心底負けたと見届ける。
㉓*新たになるということ。*これは、対戦相手ともつれてしまったならば、新たな気持ちになって、別な技をしかける。
㉔*鼠頭牛首ということ。*これは、小さな鼠の頭から、大きな牛の首、細心の注意のうちから、大きな気持ちになって敵に対峙する。
㉕*将、卒を知るということ。*これは、自分は将の格が上で、敵は兵卒で、自分の思い通りにする。
㉖*束(ツカ)を放すということ。*これは、束は刀を手で握る部分である。無刀で勝つという意味、また、刀で勝てない場合の策を探求することである。
㉗*巌の身ということ。*これは、兵法を会得して、どんな攻撃にも跳ね返すのが巌の身とい

うことである。

前項の水の巻は剣術の極意であったが、火の巻は戦いの戦術である。剣術に長けた士兵も勝つための要素であるが、戦いには戦術が勝っている。背水の陣というのがあるが、川を背面にして陣を構えて、敵と戦うと、兵は逃げ場がないので、奮闘するという戦術である。リーグ戦で、この試合で負けると２部へ降格となると、普段以上に、選手の１人１人が闘志を燃やしてくれて、１部残留ということになる。

戦略も万能ではなく、水の巻の兵の剣術も必要で、**図表 1-3** の様な関係がある。この火の巻に記された、27 の項目は中将の選択である。実戦では、この図の３階層の連携が必要不可欠である。

図表 1-3 水の巻と火の巻との連携

競争優位の選択	大将	徳川家康
火の巻	中将	5人衆
水の巻	士卒	敗戦させられた武田の兵を任用

徳川家康は徳川 270 年の礎を築いた名将であった。自分に信頼と忠誠心のある５人衆を通じて、万をこえる士卒を統率できていた。三方ヶ原の戦(1573 年)で、武田軍と戦い、敗退した家康は、後に勇猛な武田軍の武士を任用した。どんなに優れた大将であっても、組織を伴わなければならない。スポーツ組織の要には有能なジェネラル・マネージャを必要とする。この下位には実働部隊の監督と選手がいる。小さな組織では１人２役とならざるをえないが、機能は３階層である。戦いにおいて、大将は戦略を思考し、中将は戦略実現の戦術(火の巻)を立案して、士卒を指揮し、士卒は水の巻の戦法を実践する。この３階層のチームワークが、今日の競技スポーツで成果をあげるために必要なことである。

・風の巻

古来、空気は人間の精神(心)に例えられている。この精神性の発露は空気の流れ「風(フウ)」として、アスリートに自覚される。武蔵の目指す精神性は「二刀一流」の道理である。これまで、有構を論じてきたが、これまで記述してきた兵法を無構に立ち返り、武術の道理を見出すことを本意とするのが風の巻である。初心者は有構にも気付いていないので、有効

図表 1-4 武道の精神性：風の巻

二　刀　一　流　の　道　理

初心者	修行3年	二流	一流
有	構	無	構

を会得する方法を見出す必要がある。有構の事例は後述の①から⑨である。ある有構がある相手に効果のあった方法でも、他の人には効果がないこともある。一流になっても、無構の境地になって、特定の相手に勝てる方法を見出す必要がある。兵法の道理は画一的なものではなく、不断に探求するものである。そこで、武蔵は他の流派の兵法を考察した。武蔵は、この巻の書き出しを、次のように述べている。

> 兵法における他流の道を知ること。他の兵法庶流派のことを書き付け、「風の巻」としてこの巻に表わすものである。他流の道を知らなくては、わが一流の道を確かにわきまえることはできない。‥‥善悪・理非を明らかにするものである。
>
> わが一流の道理は格別のものである。他の諸流派は、芸事の一つとして、生計の手段とし、華やかにうわべだけを飾り立て商品にしたため、実の兵法の道ではなくなったのか。または、世の中の兵法は、剣術だけに小さく限定して考え、太刀を振り習い、身のこなしを覚え、技の上達をもって勝つことを知ったのだろう。いずれも確かなみちではない。他流の不足しているところを、一つ一つこの書に書き表すものである。(①、98-99 頁)

①他流で大きな太刀をもつこと

一般的な長さの太刀により、少しばかりでも刃先が長ければ、「一寸手勝り」と言って行って、お互いが太刀を振り下ろしたときは長い太刀が有利であると思われている。長い太刀は鞘と鍔の間隔が剣士の手幅より長ければ、刀を抜くのに苦慮する。長い刀は重くなるので、扱いが難しくなる。長い太刀の名手は佐々木小次郎であった。佐々木小次郎は長い太刀を背負っていて、その太刀を「ツバメ返し」と言うほどに扱えた。長い太刀は、敵に遠くから勝ちたいと思うもので、兵法ではない。敵と接近した場合は長い太刀は相手を打ち難くなる。剣先の長さを競うものならば、さらに剣先の長い槍が存在している。赤穂浪士の討ち入りに際し、武器は本人に任せたところ、脇差しはもちろんのこと槍を持参した。二天一流では通常の長さの剣を用いる。日本刀は振りやすい重さと長さ、折れにくい軟鉄と切りやすい鋼鉄と、美しい程に調和が取れている。

②他流で強みの太刀ということ

武蔵は次のように記している。

> 太刀に強い太刀、弱い太刀ということがあってはならない。強く振ろうと思っても振る太刀は悪いものである。荒いばかりでは勝つことはできない。また、人を切るとき無理に強く切ろうとすれば切れないものである。試し切りのときも、強く切ろうとするのは良くない。(①、101-102 頁)

料理人が包丁を使って、野菜を切る、肉を切る、魚を切る、これらの切り方は物により異なる。刀も、ただ強く打つだけでは、敵の刀と当たり、刃こぼれを起こしたり、剣が折れたりしてしまうこともある。剣の振り方には道理がある。ゴルフの 1 番ウッド、野球のバットの振りで肝心なのはスイング・スピードである。内野フライ程度の打音がドレミのミ音であれば、ホームランの打音は 3 度高いソ音である。ゴルフ愛好家の男性が 1 番ウッドを力任せに打っても、女子プロの飛距離には及ばない。ゴルフ・スイングには道理がある。スイングの道理を身につけて、まっすぐに 300 ヤード程も飛距離を稼げれば、すがすがしい気持ちになる。料理人の包丁さばき、ゴルフのクラブと野球のバットの打ち方には、理論がある。さらには、ゴルフではコースをマネイジすること、野球では打球をどこへ飛ばすかを考えることが重要となる。武蔵は次のように述べている。

> 何事も勝つということは、道理がなくては勝つことができない。わが道では少しも無理なことは考えない。兵法の智力によって、どのようにでも勝ちをえる考えである。(①、103 頁)

事実、武蔵は吉岡一門の多勢を相手に、また、長い太刀使いの佐々木小次郎に、事前に準備をして、勝利を得ている。

『三国史』に記されている赤壁の戦いは諸葛孔明の知略により、孫権と劉備の連合軍がこの連合軍の 10 倍とも言われる曹操軍と戦い勝利した。今日、負け試合をしてしまったらば、知力不足と自覚して、試合後のミーティングにて、攻略法を編み出して、そして、明日より鍛錬することである。試合は知力が勝利に重要な要素となっている。

③他流で短い刀をもちいること

武蔵は次のように述べている。

> 短い刀ばかりで勝とうと思うのは実の道ではない。昔から太刀・刀といって、長い短いということを言い表わしている。世の中で、力の強いものは、大きな太刀を軽々と振れるので無理に短いのを好むことはない。それは長さを生かして、槍・長刀を持つものである。短い太刀を持って、敵の振る太刀の隙間を狙って、切ろう、飛び込もう、捕まえようなどと思うのは、偏ってよくない。また、隙間を狙うというのは万事後手にみえ、縺れるおそれがあって好ましくない。‥‥
>
> 世の人は、物を学ぶ場合、平生から、受けたり、かわしたり、抜けたり、潜ったりすることを習っているので、心がその習慣に引きずられ、敵に振り回されるきらいがある。兵法の道はまっすぐで正しいものであるから、正しい道理をもって敵を追い回し、敵を従えようとする気持ちが肝要である。(①、103-105頁)

中条流は短剣道の先駆で、突く、抜く、打つ、払う、躱す、足さばき等、短い剣を生かす体の動きが重要となる。今日、ハイレベルの剣道の試合では、無駄な動きは全くみられない。サッカーの試合を見てても、普段ボールさばきの見事なリフティングをしていても、試合中ではそうした曲芸的に見せるボールさばきは見られない。試合の勝利への実がない体の動きは無用である。戦いでは短剣より通常の太刀が勝っており、太刀さばきの動きを鍛錬し、短剣の動作は悪影響があるのみ。むしろ相手を良く見て、試合自体を俯瞰するように観ることに気を遣うべきである。

④他流で太刀数が多いこと

武蔵は次のように述べている。

> 太刀数を多くして人に伝えることは、兵法を売り物に仕立て、太刀数を多く知っていると、初心者に深く思わせるためであろう。これは兵法では嫌うことである。それは、人を切る方法にいろいろあるということが迷いだからである。世の中で人を切る方法に変わった方法はない。‥‥手をねじり、身をひねり、飛び、ひらいて人を切ることは実のみちではない。人をきるのに、ねじっては切られず、ひねって切られず、飛んで切られず、まったく役に立たないことである。わが兵法においては、姿勢も心もまっすぐにして、敵をひずませ、ゆがませて、敵のこころのねじれ曲がる所をついて勝つことが肝心である。(①、105-106頁)

神道流では剣術のほかに、居合、柔術、棒術、槍術、薙刀術、手裏剣術等を教えていた。居合、柔術、棒術では人を倒せても人を切れない。武蔵は鎖鎌使いとも対戦し勝利をえている。異様な鎖鎌を見ても姿勢も心もひるまないことが重要であると、武蔵は教えている。剣道では一本をとるのに、如何に有効な剣筋を見出すか、それを生み出す所作が大切で、他の剣術以外の武術は剣道の試合には無用と言うことになる。しかし、体自体を造り、筋肉による身のこなしには、間接的には役立つであろう。

⑤他流で太刀の構えを用いること

武蔵は次のように述べている。

> 太刀の構え方を重視するのは間違いである。世の中でいう「構」というのは、敵がいないときのことであろう。その理由は、昔からの先例、今の世のきまりなどとして、規則を定めることは、勝負の道にあってはならないからである。敵の不利なように仕組むことである。‥‥兵法勝負の道は、敵の構えを揺るがせ、敵の思いもよらないことをしかけ、あるいは敵をうろたえさせ、あるいはむかつかせ、または脅かし、敵が混乱した拍子を利用して勝つことなので、「構」という後手の考え方を嫌うのである。そこで、わが兵法では「有構無構」といって構はあって構はないというのである。
> (①、106-107 頁)

鎌倉時代の戦いにあっては「どこどこの、だれである。名を名乗れ」と言ってから合戦する習わしがあった。そして、元寇のとき、敵の元の兵士に対してこの習わしをしたと伝えられている。これでは、名乗っている間に敵からの一撃にあう。試合にまずこの構えというのはないのである。構えには、今日の映画やドラマの時代劇にある視覚効果のある構えがある。実際の合戦には時代劇の構えもないのである。武蔵の立ち姿の掛け軸の絵があるが、一見、二刀をだらりと下げている。この掛け軸の立ち姿勢に、敵が近づけば、敵に応じて、無数の構えが生じる。

今日のスポーツ界でも勝利後のガッツポーズがある。このガッツポーズも兵法にはない。残心といって、死に絶えてない敵から一撃を被ることもある。構えは確かにあるが、二天一流では、戦いの構えは水のごとく変幻自在と言うことである。

⑥他流で目付ということ

武蔵は次のように述べている。

> 目付といって、その流派によって、敵の太刀に目をつけるものもあり、または手に目をつける流

派もあり、あるいは顔に目を付け、あるいは足などに目をつけるものもある。そのように、取り立ててどこかに目を付けようとすると、それに惑わされるところがあって、兵法の病というものになる。・・・・

兵法の道においても、さまざまな敵と戦い慣れ、敵の心の軽重を知り、兵法を習得すれば、太刀の遠近・遅速もよくみえるものである。兵法の目付というのは、大体その敵の心につける目である。(①、108-109頁)

剣道の初心者は試合相手の竹刀の動きに目を付ける。試合相手の剣筋を見抜くことが大切であるが、上級者は相手の目を見ている。「目は口ほどに物を言う」と言われているが、相手の目が、良い目付の箇所とはいいきれない。動きに先立つものは、相手の心である。相手の過去の試合を調べ、相手の性質を知り、心を予測して頭脳戦を展開する。

テニスの場合、眼は飛んでくるボールを見る。打ち返すコートは動かないものである。初心者は打ち返す方向を見て、ラケットを振ってしまう。ボールはバウンド後に様々な変化をする、ボールを凝視しないと、この変化に対応できない。野球では、打者は飛んでくるボールの縫い目が見えれば強みとなる。縫い目が動かないではっきり見えたならば、フォークであると見抜いて、バットで打つか、打たないかの反応をする。

⑦他流にいろいろな足使いがあること

武蔵は次のように述べている。

[他流の]足の踏み方は、「浮き足」、「飛び足」、「踏み詰める足」、「からす足」などといって、いろいろな「さつそく(雑足)」を踏むことがある。これはみなわが兵法からみると不足に思うところである。「浮き足」を嫌うことの理由は、戦いになるとかならず足は浮きがちになるものであるから、なんとしてもしっかり踏むのが道である。また、「飛び足」を好まないのは、飛ぶために初めの動作が必要で、飛んだ後「居着く」おそれがあるからであり、幾度も飛ぶという道理がないので、飛びはよくないのである。・・・・わが兵法においては、足使いに特別なことはない。つねに道を歩くのとおなじである。敵の拍子に応じて、急ぐときはゆっくりしたときの体の状態にして、足らず・余らず、足取りが乱れないようにすべきである。(①、110-112頁)

剣術で中段の構えをしているときには、足への重心は、足の中心の土踏まずより足指の方にある。この状態で移動もするが、一撃の時のみ、後ろ足の踵と親指の根元に力をかける。

剣術をしている下駄の履き物は、踵の後ろ側の下駄の歯の減りが前の歯がより擦り減っている。運動していない人は踵の方の接地量が大きいので、靴の踵の減りが早い。足がふらつくと、転倒にも通じてしまう。最近では、体幹を鍛える重要性が指摘されている。足を鍛えるのはスポーツ選手のみに必要なことではない。誰でも加齢により、足の筋力も衰える。60歳、65歳、70歳となるにしたがい、よちよち歩きや、杖を突いた人の姿となる。しかし、若いときに足の筋肉を鍛えていた人は、80歳、90歳になっても歩ける人がいる。サッカーのように足技に依拠するスポーツでは、剣術では望ましくないとされている、足さばきも重要な課題である。

⑧他流で早いことを用いること

武蔵は次のように述べている。

> 兵法で「早いということ」は実の道ではない。早いとか遅いとかということは、何ごとも拍子の「間」が合わないので、早いとか遅いとかいうのである。その道の上手な人になると、早くは見えないものである。‥‥「高砂」は急な調子の曲だが、早いというのはよくない。「はやきは転げる」といって「間」が合わなくなる。勿論遅いのも良くない。これも上手な人がすることは、ゆっくりみえて間が抜けないものである。なにごとも熟練したもののすることは忙しくみえないものである。‥‥また、敵がむやみに急いでいるときには「背く」といって、ゆっくりして敵についていかないことが寛容である。(①、113-114頁)

剣術では相手の一瞬の隙間に一撃するもので、遅く打ち込んでも、早く打ち込んでも、一本とることは困難である。ただ打ち込んでも、相手に切り替えされ、逆に一本取られてしまう。野球の右打者も、ピッチャーからの球を早く打っても、遅く打っても、観客席へ飛んで行ってしまう。

⑨他流で奥・表ということ

武蔵は次のように述べている。

> 敵と打ち合うときの道理において、「表」で戦い、「奥」をもって切るということはない。わが兵法の教え方は、初めてのこの道を学ぶひとには、その技のやりやすいところから仕習わせ、早く理解できるところから先に教え、難しいことはその人の理解力が進んだところを見はかって、次第に深いところの道理を後からおしえるのである。たいていは実践で体験したことなどを覚えさせる。(①、114-115頁)

‥わが兵法の道を伝えるのに、誓紙、罰文などということは好まない。この道を学ぶ人の知力をみて、真っ直ぐな兵法の道を教え、兵法の五道、六道で身に付いてしまういろいろな悪癖を捨てさせ、自然と兵法の実の道に入り、くもりのない心にするのがわが兵法の教えの道である。(①,115-116 頁)

‥わが一流においては、太刀の使い方に「奥」・「口」はない。構えに決まった形はない。ただ、心をもってその徳を身に付けるということ、これがわが兵法で最も大切なことである。(①、117 頁)

武蔵は自分の兵法には諸派がいう奥義はないという。諸派でいう奥義は風の巻、空の巻であろう。水の巻の水は変幻自在で可視化できる技というものである。風は草木に作用すれば感じ取ることができる。風は空気の流れで、空気は目には見えないが確かにある。古代ギリシャ語では、精神の語源は空気であった。今日、精神(mind)と空気の動きである風(wind)は相似である。風の巻は精神の知力であり、正しい道理が勝利へと導くのである。

図表 1-5 道理の探索

風の巻の正しい道理とは、戦略優位のものを確認して、鍛錬することで、勝利をえることである。1972 年ミュンヘンオリンピックで、松平康隆監督率いる、男子バレーボール大会で、日本チームは「ミュンヘンの奇跡」と呼ばれた。日本選手は 9 人制バレーボールになじんでいたが、6 人制のバレーボールでは守備が広くなり、日本選手には不利であった。松平監督は、選手に逆立ちで 8 メートル歩けるようになることを求めて、守備練習をした。攻撃面ではクイック攻撃が有効な手段であり、ここに活路を見出し、B クイック、C クイック、D クイックと 3 つの独創的方法を考案した。そして、鍛錬を重ねて、試合に臨んだ。オリンピックで苦戦したのは、準決勝のブルガリア戦であった。この戦いでは 2 セットを連取され、0-2 と絶体絶命に陥ってしまったが、3 セット連取で取り返して逆転勝利をした。優勝決定戦の日本対東ドイツとは 3-1 で優勝した。クイック B、C、D は暗黙知からの戦術創造であった。

・空の巻

空の巻について、武蔵は次のように述べている。

二刀一流の兵法の道、空の巻として書き表すこと。空という意味は、物事が無いこと、知覚できないことを「空」と見立てるのである。もちろん、空は無いことである。有るということを知って無いことを知るということ、これがすなわち空である。

世間では間違って見るために、物事を理解できないことを空とみるが、これは真の空ではない。すべて見当違いである。・・・・

武士は兵法の道を確かに会得し、そのほか武芸によく励み、武士の修行すべき道に精通し、心迷うことなく、常に怠ることなく、心・意二つの心を磨き、観・見二つの目を研ぎ、少しも曇り無く、迷いの雲の晴れわたったところこそ、実の「空」と知るべきである。(①、頁)

武蔵は空の巻にて、多くは語っていないが、兵法の在り方を端的に述べている。兵法は心と体の技である。心とは精神とも言われている。精神は理性、意思、感情の 3 領域から構成されている。人間の精神は確かにあるが、目には見えないが、語ることはできる。確かにあるが目に見えないのは空気と同様である。空は空気に満ちあふれた領域である。人は何か物事を達成した時には、晴れ上がった青空を見たように、すがすがしい気持ちになる。武田信玄は勝利して、戦い終わった時の気持ちは、おごることもなく、ただすがすがしいと言っていた。ある「空」が満ちたりた時は、すがすがしい青空のごとくなる。長い間、鍛錬し、試合に臨んでいると、雨の降る辛い日、スランプに陥った曇りの日があるかもしれないが、実(ﾏｺﾄ)を見出すと、晴れの日が訪れるのである。

空には空箱の中身のように空虚の意味もある。人間は誕生し、自らの目的を空に置くのである。そして、地に目標を定めるのである。目的を措定することで、有意味の人生となる。目標を目指すことで、人生が充実するのである。

1-3.宮本武蔵の武士道

宮本武蔵の『五輪書』の特徴は兵法書であるが、武蔵自身が文武両道を陶冶した人で、『五輪書』には武術の修行の道、道理の探求、実(ﾏｺﾄ)への道などを説いているので、武士道でもあると言えよう。「空の巻」などは現代哲学の存在論に通じているものである。

1.3.1.兵法の修行の道

侍に憧れていて、竹刀を握っても、剣道の入門者は有段者と稽古を付けてもらっても、打ち込まれるだけで、相手にもならない。初心者は無技を思い知らされる。数年して技を習得して、剣術を覚えたと思うと「青空」の達成感を得る。アスリートとして剣道の試合をするようになると試合に勝てなくてスランプに陥る。この時、自分の剣術から離れ、一旦「無空」になり、『五輪書』、他者の試合のビデオなど見てみる。自分の所作の至らなさに気づく筈である。

図表 1-6　武蔵・兵法の道

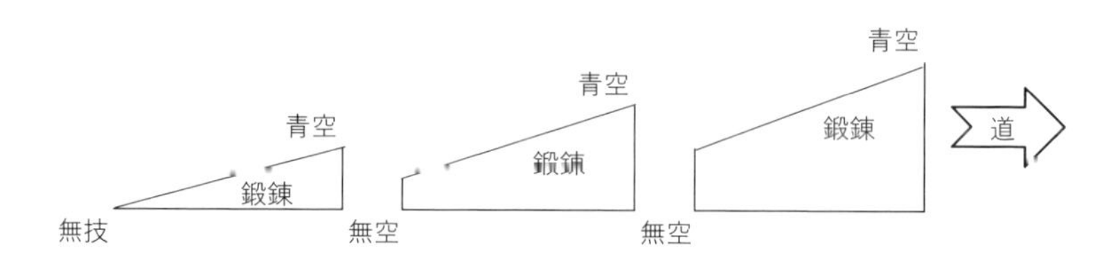

図表 1-6 に武蔵の兵法の道を示している。空には二つの意味がある。一つは「自然の道理に従い、静かなること、動じないようにと自然に修行を積み、広々として空となる」(①,122 頁)と、迷いの雲のない青空となる。他は「道理を会得して、道理を離れひとりでに無為の境地に至ることができる」(①,122 頁)と、何もない無空である。今日のスポーツとしての剣道での考察である。初めて剣道をする人は、剣道の技を持ち合わせていない無技である。防具をつけて、練習しても相手から打ち込まれるばかりである。しかし、練習をかさねて、払い技、仕掛け技、応じ技など習得して、決められるようになれば、剣道が青空のように感じられる。戦国時代では士卒の上位階層に大将がいたが、今日では剣道の指導者がいる。剣道の指導者は剣術のテクニックのみを教えるのでなく、世の中で徳を積むことのできる剣士という人間を育てるのである。決して、盗賊に成るためとか、弱い者いじめをする人を育ててはいけない。邪な心があると剣筋にも現われるものである。人徳とは何かを「無空」となって、歴史に残る武人を探索し、感銘するのである。「地の巻」に、「大いなる兵法においては、すぐれた部下をもつことに勝ち、軍勢を使うことに勝ち、身を正しく修めることに勝ち、国を治めることに勝ち、民を養うことに勝ち、世の礼儀・作法を守ることに勝ち、いずれの道においても人に負けないということを知って、わが身を助け、名誉を守ること、これが兵法の道である。」(①,33 頁)と述べている。武蔵の兵法を鍛錬することで、陶

冶された精神は「空の巻」で「実」の武士道を垣間見ようとする。

1.3-2.実の道

図表 1-7 武蔵・実の道は地の巻、水の巻、火の巻、風の巻から道理を見出し、空の巻で実の道を見出す宮本武蔵『五輪書』の体系図であるである。

図表 1-7　武蔵・実の道

空の巻	実の道

⇧

道理

⇧

地の巻	**水の巻**	**火の巻**	**風の巻**
武術	心	戦い・試合	他者を知る

地の巻は兵法の基本で、「剣術一通りのことを考えては、実の兵法は会得できない。大きいところから小さいところを知り、浅いところから深いところに至る、まっすぐな地形を引きならすという意味で、初めを地の巻と名付けるのである。」(①,18 頁)と。学問も地平線への道と考えたのはエトムント G.A. フッサールで、『デカルト的省察』の中で、「学問は、絶対的真理あるいは学問的に真正な真理という理念を保持し、そして、その理念を追い求めつつ、それに近似的に接近してゆく無限の地平の中へはいってゆくのである。」と。人が地平線を目指して目標地点へ着くと、また、その先に地平線が現われ、兵法も学問もその探究は果てしないものである。

水の巻は「この兵法の道にかぎっては、少しでも道を間違えたり、道の迷いがあっては悪道に陥るものである。このことは、書き付けを読むばかりでは兵法の道に達することはできない。この書き付けたことを、自分自身のこととして、ただ書き付けを見るとか、習うとか思わず、物真似をするというのではなく、すなわち、自身の心の中から見出した道理とするよう、常にその身になって、よくよく工夫しなければなせない。」(①,36 頁)と。固定観念、物真似などに囚われていてはならない。水の巻に、身なりの事、足使いの事などの教えがあるが、これらを頑なに実行しても兵法にはならない。今日、プロ野球の打者の真似する芸人、子供がいても、プロの選手のようには打てない。結局、水の様にあれこれ工夫して、球が飛ぶように身に付けなくてはならない。野球の打者はバットのスイング練習をかなりの時間をかけている。その結果、各選手一人一人の個性が生じて、芸人に真似されるのである。

火の巻は戦と勝負のことを述べたものである。『五輪書』の文脈からすると、武蔵の流派「二天一流」戦いを通じて、智力の会得と正しい道の修行との二天でもって、実の兵法の道を歩むと言うことになる。そして、いつも勝負に勝つということである。今日的な智力による技の会得には知覚を働かせることである。技の会得には、**図表 1-8** で示しているように、五感を働かして如何に技が上達するかを思索することである。野球の打者は球の風を切る音で、球の速さが分かる。また、打音で飛距離を推測できる。手の皮膚の感触で、バットの心で当ったかが分かる。良い感触に外れた事をすれば、自ずとファールか空振りとなる。昔より、科学技術の進歩はすさまじく発展している。自分のスイングを映像に撮り、良く見ることで、フォームを直すこともできる。この火の巻では「太刀によっても抜き、また体でも抜き、また心によっても抜くことがある」(①,92 頁)とある、考える知は勿論のこと、相手を恐れない気持ち、戦い抜く意欲の鍛錬でもって、相手を圧倒することである。

図表 1-8 知覚による技の習得

体
- 知覚　感情　意欲
- 体：目(視覚)、耳(聴覚)、鼻(臭覚)、舌(味覚)、皮膚(触覚)
  科学的知覚(動作ビデオ、血液分析、筋力測定、心拍測定など)

桶狭間の戦(1560 年)いで、今川義元の大軍 25,000～45,000 人を織田信長がわずか 3,000～5,000 人の少数の兵で勝利をした。当日は豪雨で、織田軍は天候を好機ととらえて進軍し、雨が止むと、油断していた今川軍に襲い掛かったと言われている。天候と知略の勝利であった。

2015 年ラグビーのワールドカップでは、ワールドラグビーランキング 13 位の日本代表が、過去 2 回の優勝経験を持つ同ランキング 3 位の南アフリカ代表との戦いは、日本が 34-32 で南アフリカを破り、世界中に「ブライトンの奇跡(The Brighton Miracle)」と報じられるほどの劇的な試合であった。日本チームのスクラムの強化の猛訓練とペナルティーキックの正確さ、試合中の気概ある勇気が勝利を導いた。水の巻は実の鍛錬と実の試合運びが勝利を導くと説いている。

風の巻は他の流派のことを知り、実の兵法の道である、自らの「一流」を自覚することにある。小刀も、相手の懐に飛び込んだならば、太刀より勝るのである。他の流派の兵法を知り、他のいかなる武術にも対処する兵法が「一流」となるのである。大工は大勢いるが、諸々の大工の技法とその建築への利用を知っているのが棟梁である。この意味で、武蔵の「一流」は文字通りの一流の流派となる。学問においても、一専門分野の文献を概ね読破して、その専門の体系的知識を持つことで一流の指導者になれる。研究者となれば、未知の領域を切り開き、道なき道に、道を切り開くのである。空の巻にて、武蔵は「実の心を道として、兵法を広く修行し、正しく明らかに、大きなところを悟って、空を道として、道を空とみるのである。」(①,121 頁)と。**図表 1-7** で示したように、宮本武蔵の実の道は、1~4 巻の修行と、5 巻の「空」の精神性を陶冶することで、どこまでも高い道程である。

注

注 1　「五事」とは、①道 - 為政者と民とが一致団結するような政治や教化のあり方。②天 - 天候などの自然、③地 - 地形、④将 - 戦争指導者の力量、⑤法 - 軍の制度・軍規。

「七計」とは、①敵味方、どちらの君主が人心を把握しているか、②将軍はどちらが優秀な人材③天の利・地の利はどちらの軍に有利か、④軍規はどちらがより厳格に守られているか、⑤軍隊はどちらが強力か、⑥兵卒の訓練は、どちらがよりなされているか、⑦信賞必罰はどちらがより明確に守られているか。

引用文献

① 宮本武蔵著、大蔵隆二 訳･校訂『五輪書 現代語訳』、草思社、2018 年。

第2章　武士階級の武士道

2-1.太平の江戸時代

織田信長は「天下布武」で、地域を統治しようとしたが、49歳で家臣である明智光秀に殺された。その後、同じく家臣であった豊臣秀吉が天下統一を果した。秀吉は全国の諸大名に武力により国を広げてはならぬとの「御触れ」をだした。ところが、小田原城主の北条氏は真田領となった領地の拠点である名胡桃城に沼田城主・代猪俣邦憲を侵攻させ奪取してしまった。秀吉が裁定で定めた領地制度を北条氏は軍事力で覆した事件に対して、秀吉は小田原城を攻略した。秀吉はあたかも1夜にして、城を築き、城主である北条氏1人を切腹させ、小田原攻めは決着した。これを機に城主間の軍事力による城攻めは影を潜めた。また、秀吉は検地をして、全国の田畑の面積を測量して、石高を把握して、租税の安定を図った。さらに、「刀狩り」をして武士と農民を区別した。同時に、むやみに人間同士の殺し合いの機会を減じた。

秀吉の死後、秀吉の家臣・石田三成軍と徳川家康軍が1600年、関ヶ原で戦をし、家康が勝利して、1603年江戸(東京)に幕府を設けて、266年間の平和な世の中の基礎を構築した。宮本武蔵は、関ヶ原の戦いに、西軍に加わっていたと伝えられている。

江戸時代は、「士農工商」という身分制度があり、武士は支配階級であった。幕藩体制の確立の中で、いくつかの乱はあったが、戦いのない安定した世の中になり、武士道も戦国時代の武士道から儒教的武士道へと変化した。

江戸時代には、武家や大名の統制のために制定した基本法である『武家諸法度諸』が公布された。この武士に関係する、主な規則は次の通りである。

① 武芸や学問をたしなむこと。
② 諸国の藩主や領主は私闘をしてはならない。日頃から注意しておくこと。もし争いが起きた場合は奉行所に届け出て、その指示を仰ぐこと。
③ 元の主人から問題のあるとされた者を家来として召し抱えてはならない。
④ 全て幕府の法令に従い、どこにおいてもこれを遵守すること。

この時代、剣道に励む道場が各地に存在していた。宮本武蔵が京都の吉岡一門との決闘をしたことは伝説となっている。徳川家が日本最古といわれる足利学校に力添えしたことも知られている。学者による学問所が多数存在していた。山鹿素行は林羅山の門下で学んだ。

また、吉田松陰は山鹿流師範の家に生まれ、その教えを門下生に教授した。上述の武士に関する規則②から④は社会秩序の安定に貢献した。

武士が学問をたしなむことは、室町時代の文武両道に遡る。江戸時代になり、士農工商の身分制度の形成で、階層の上位に位置する武士が、無学で、無謀であっては、武士の支配による社会は長続きしなかったであろう。武士の教養は文武両道であった。

和算で知られる関孝和は第 6 代将軍家宣に仕え、幕府直属の侍になった。山鹿素行の師である儒学者林羅山は徳川家康から 4 代将軍家綱に仕え、侍講として儒学と史学を講義すると同時に、法度(ハット)の制定の起草をした。山鹿素行は門人であった赤穂藩主・浅野長直に仕え、多数の著書等を著した。『中朝事実』の尊皇思想書、『武家事紀』は 58 巻からなる武家の歴史書、また、『聖教要録』は儒学書であるが、朱子学批判の不届きな書として、素行は幕府により一時期流謫(ルタク)の身であった。彼の門人には、大名だけでも津軽信政、戸田忠真、松浦重信ほか 11 名、直門 140 名ほどいたと言われている。

『武教小学』は山鹿素行の門人達が書き表した書である。初学者が将来、志士、仁人となる一助として書かれ、武士たる者への入門書であり、第 2-2 節で本書に触れている。続いて、武士道を“Bushido”として世界に紹介した新渡戸稲造の武士道論を 2-3 節で述べている。‘Bushido’は西欧の精神文化を知り得ていた新渡戸の記述に特色がある。2-4 節では武士道を体現した人を紹介している。草木も大きく成長し、花を咲かせ、実を付けて、朽ち果てた後にも、次世代へ子孫を引き継いでいる。人間も自ら目的を持ち、目標を定めて、目標達成あるいは自己実現のために、学習とその努力をするものである。2-4 節で扱われた二宮尊徳、吉田松陰、中村哲は、後世の人々に高く評価されている聖人に値する人物である。

2-2.山鹿素行の武士への道

学問が重んぜられた武士社会では、武家の子弟たちも修学の機会が必要であった。1656 年に、武士たる者への指南書『武教小学』が著わされた。当時の「小学」は 8 歳から 14 歳までの修身の教えを意味し、素行の弟子達がこの本を書いた。この書の序の冒頭に「農・工・商は三つの宝である。士が農・工・商の働きもないのに、これらの三民の長としていられるのはなぜか。それはほかでもない、みずからの身を修め心を正しくし、すすんでは国を治め天下を平和に保つからである。‥この士たるの道を子供の時に習い、その習慣が知識となり、心となることを願うのは、まことに聖人の真実であるのだ。」(②、105 頁)とある。

この時代の武士の使命は政治・行政官と軍人の役割であった。また、上位の階層者には人格が求められている。現実には、修学が不十分である状況で、「今はこの理想が行われていた世から、はるかにへだたり、それを実行しようとする人も失せ、良俗はすたれ、まことの教えはほとんどきかれないようになってしまっている。それゆえに、ある者は野蛮人の着るような短い着物を着、髪をおどろにして臂をいからし、剣をふりまわすのを常とし、またある者は士大夫(シタイフ:役人)の着る長衣を着、詩・文を読んではただそれを暗記するだけで、なんら実行しようとせず、それをもってよしとするといった極端なふうぞくが定着しつつある。なんともなげかわしいことではないか。」(②、105頁)とある。古代ギリシャのソクラテスも「近頃の若者は」と嘆いた文がある。いつの世でも人は怠惰の傾向がある。子供達は修学を志さないと、決して一角の人間にはならないのである。

次の次項は『武教小学』に書かれている生活習慣についてである。生活が乱れていては、精神も荒廃してしまうものである。

早寝早起き

武家の子息は、朝、目覚めて、まず思うことは親孝行で、一人前の人間になり、自分の体を傷つけないことである。『武教小学』では、次のように記述している。

> 「およそ士としての決まりは、まず朝早く起きて、手を洗い、口をすすぎ、髪をなでつけ、衣服をただし、用具を身につけ、気持ちをつねに平成に保ち、君父の温情をしっかりと認識し、今なすべき己の家のつとめをよく考え、「*この身体はすべて父母からうけたものであって、それを傷つけないのが考の出発点であり、一人前の人となり、なすべき道をつとめ行ない、後世にまでその名を残すことによって、父母を世にあらわすのが考の終着点である。*」ことを思うべきなのだ。」(②、107頁)。

朝、早く起きると、一日が長く感じ、修学を十分にすることができる。顔や手を洗い、食後には歯を磨き、寝癖のある髪を直し、身ぎれいな衣服を着る。そして、修学に必要な用具を持つ。何を修学するかが課題である。江戸時代にあっても、職業は本人の志によることもあった。新撰組の隊長であった近藤勇(幼名;勝五郎)は農家の生まれであったが、「試衛館」に入門し、近藤周助の養子となり、後に、徳川幕府の幕臣となった。

儒学の説く「考」は上記引用文の下線部分である。今日でも、人が出かける時の挨拶として「気をつけて」と言われるように、怪我を避けることが、親の常日頃の願いである。修学の場所でも怪我を避ける環境が第一である。柔道で最初に覚えるのは受け身である。野球の練習では、グランドで同時に各種の練習をするときには網を利用する。剣道の竹刀も竹の部分がささくれていないか点検をする。運動の前の準備体操、運動後のクールダウンも体調不良にならないための大切な知識である。もし、交通事故や生活で負傷するようなことがあれば、その怪我により、スポーツの継続を断念することになりかねない。

スポーツに関係する親孝行は、競技大会で優秀な成績をあげることである。逆に、最大の親不孝は法律に触れた不良行為をしてしまうことである。修学に関する時間論は、「鉄は熱いときに打て」、物事を容易に覚えてしまう時期に、熱心にならないのは残念なことである。競技する高年になると、小さい時に、もっと努力しておけば良かったと後悔をする。

場の交わり

人間は社会的生き物である。学ぶ場、修行の場には交わりがあり、交わりは社会性の基本である。遊びの場、職場、学びの場など様々な場があるが、学問の場で友人を作ることが望まれている。『武教小学』には、次のように記されている。

> 文事によって友人を集め、友人によって仁の徳の成長を助ける{これは曽子のことばである}。朱子がいうには「学問をすることで友達を集めるならば、道はますます明らかである」と。有益な友人があればその人にいろいろと質問をする。{孔子がいわれるには、有益な友達には三種がある。正直な人を友達にし、真心ある人を友達にし、ものごとについてよく知っている人を友達にするのは有益である。(逆に)体裁ぶった人を友達にし、へつらい者を友達にし、口先だけの人を友達にするのは害がある。}
>
> 誠実であってみずからを偽らず、つねに士として正義を思ってみずからをはげます、これが人との交わりを最後までつづけていくための道である。(②,108頁)

学びの場にも三種そろった人は希である。学友とは良いところを見出し、その人の良い点と付き合うのを良とする。そして、求めるばかりでなく自らも誠実、正義、努力家であることが大切である。

人間は他人に影響を受けて成長する。ある友人がある球技に熱中していると、その球技に関心を寄せる。その球技で曲芸的なさばきをすれば、その技を真似しようとする。こうした心理は「同一化」として知られている。一流のアスリートが身近にいることは、良い学習環境といえる。逆に不届きな者が教育の場に1人でもいると、悪い学習の場になってしまう。職場と家庭での振舞について、次のような記述がある。

　すべて士官した場合には、朝出勤する時はひとより早く出かけ、夕方、退出する時はひとよりあとにすべきである。そして、帰宅すれば、まず父母にお目にかかり、心を落ち着け声をやわらげる{『礼記』に、「心を落ち着け、声をやわらげ、暑さ寒さ、身体の調子などを尋ねて、つつしんであんまをし、かゆいところをかく」とある}

　そして自分の席に座って留守中のことを聴き{家事について問うのである}、それについて重要なことと不急のことを判断して処理する。また、時間があれば、今日一日の行ないについて反省し、また経書やその注釈書を読み、士としての正しい道について考え、義にかなった行ないとは何か、また、不義の行為とはなにかなどの知識をえる。(②,108頁)

士官できる場所があることは望ましいことである。遅刻する事は誠意が欠けることである。また、良心への感謝の気持ちがあれば、父母に声を掛けるものである。昨今「オレオレ詐欺」などがあり、家族同士の声掛けが重要である。「士」たる者に身につける仁、義、誠といったに点で、学校または職場、家庭で、本日、至らない行動がなかったか反省してみる。

　学びの場で友人を作ることは、卒業後に役に立つであろう。実社会の利益社会に身を置くと、利害関係の人間関係となり、修行時代の友人同士の無償の助け合いが貴重な存在となる。仁・義・誠といった徳性は、将来、組織の長になった時に、求められている資質である。

燕居（自宅の過ごし方）

　江戸時代では、士族の子弟は20歳程度で士官し、例え士官しても、時間に余裕があるという記述がある。現代の学生も、実社会で働いている親にくらべれば、時間に余裕があり、まして夏休みなどは時間をもて遊ぶほどある。教師側から学生をみると、技能、技術を要する教科は、休み明けの授業では、前学期の学び初め近くに戻ってしまう学生が多々いる。休み期間に、どのように過ごすかで、伸び盛りの学生に、大きく能力の差がついてしまう。『武教小学』に安らかに自宅でくつろぐ燕居(ｴﾝｷｮ)として、次の記述がある。

　自宅にいて休んでいる日があまりに多いようだと、その心がけがに怠りができ、また、家業に専念することもなくなって、人間としてのねうちがなくなって、鳥や獣同然になってくるものである。

　…『大学』には「小人が一人でいると、どんな悪いこともしないこともない」といわれている。そこで、なにもせずに一人でいる士にたいしては、教え戒めることが必要なのである。

すなわち、まず早く起きて手を洗い口をすすぎ髪をなでつけ、自分の席に出て諸士に会い、お客に対応し、庭で馬を検分し、馬に乗り、さっさと食事をすませ、手をあらい、口をすすいで、そののちは剣術、弓射の礼、鉄砲、槍などの練習をする。これらはみな骨折のゆがみを直し、進退の動作を正しくするための鍛錬である。だから、先生のお宅へうかがったり、先生を自宅にお招きするなどして、すこしも怠らないようにしなければならない。長いあいだ怠けていると、関節がぎくしゃくして動かなくなるから、身体のよくこなれた身軽な動きに馴れることができず、必然的に士としての仕事を完全に果たすことはできなくなる。(②、109頁)

今日でも、小学生の夏休みは、最初の 3 日ほどは意気込みがあり、日々の宿題を続けるが、その意気込みも消え失せ、宿題には手を付けなくなってしまう。そして、夏休みが終わりに近づくと纏めて、宿題をし、日々の宿題をかたづけておけば良かったと、後悔するものである。ただ家にばかりいると、残念なことに、怠惰が身についてしまう。

『武教小学』は、知力、体力、修身を涵養する機会を、自ら積極的に作りなさいと説いている。生活に恵まれた小学は、自分の将来に、高い理想を描き、一流の作家、科学者、アスリート等になろうと願うものの、熱心に鍛錬しないので、ほどほどの水準で停滞してしまう。世界のホームラン王となった、王貞治は家の中で、バットの素振りをし、畳に凹みができてしまっていたと言われている。何ごとも、正しい道を見出して、持続的に努力することが、一流に近づくのである。

高邁な夢に破れて、誤った道に進んでいった物語がある。中島敦は中国の『人虎伝』を参考にして『山月記』を書いた。詩人となることを望んだ李徴が夢敗れて虎になる話である。虎になった経緯を旧友に打ち明けた内容は、自身の臆病な自尊心、尊大な羞恥心があったからで、目的を達成できなかった原因は切磋琢磨しなかったことであると。実力が無いのに偉ぶることを虎が象徴している。心が虎になってしまう人は、弱い者いじめをする傾向がある。また、親になっても子に虐待してしまう性癖がでてしまう。自尊心が強くても、他人を思いやる「仁」があれば、いじめまではしないものである。他人への言動や行為が、もし、自分が受けたなら、どう思うか。それが「いやなこと」ならば、他人にしないことである。

学内のスポーツ大会で優勝して、喜ぶのは良いが、偉ぶってはいけない。その種目の素質があるから、以後その競技に努力をせよと推薦された、栄誉とうけとめるのである。世界的競技への参加を夢見るならば、自宅にただいるだけでなく、宮本武蔵のごとく、実(マコト)を見出し、『五輪書』の5つの領域を参考にして、時間を惜しんで、ただ鍛錬しつづけることである。世の中は、努力して成果を上げていると、さらなる支援者が現れるものである。

家に閉じこもっているように、心も閉じこもっているのは良くない。精神は客体との関わり、客体を掴むほどに志向して豊かになる。物語に、ある剣士の小枝の切り口を見て、その剣士の力量に驚いたという話がある。高度な刀さばきは、言葉の伝承のみでは伝わらない。B.ラッセルは「感覚によって直接的に知られたもの — 色、音、におい、硬さ、手触りなど— に、**センスデータ**という名を与えよう。そして、これらを直接意識している経験を**感覚**と名づけよう。」(③,15頁)と言っている。スポーツの技は自分の感覚であらゆるセンスデータ(sense data)を感知して美技へと導くもので、漠然と練習をしていては、時間を無駄に過ごしているものである。

言語対応

言語はコミュニケーションツールである。聞き慣れない他国の言語の人と対話するには難しい。母国語で聞き取れても、相手が何をいっているか、理解する必要がある。『武教小学』には、話者の姿勢について記されている。

> ことばや相手に対するうけこたえには、その人の心がけがこめられているものだ。たわむれにいったことばにも、その人が心のなかにもっている思いがこめられているというが、それはつまりこのことをいったものである。すべて士のことばが正しくない時には、その行ないもかならず良くないのだ。よわよわしい言葉、卑しい言葉はけっして用いてはならぬ。(②,111頁)

最近の学生は「タメ語」と称して、なれなれしく教師に話しかけてくる者がいるが、教師もそうした学生に対しては、ただ、話しに合せて返すだけである。学生が教師を師と思う気持ちがあれば、丁寧な口調になるはずであり、その姿勢に応えて、教師も有益な話を学生に付け加えてくれるであろう。

試合の間際になって、本当であっても、「練習不足、我々は負けるだろう」「相手は強豪校だ、諦めよう」などと、言い合ってはならない。こうした言葉は、「死に物狂い」に遠く及ばない練習であったと思われる。2015年のラグビーワールドカップの、日本対南アフリカの試合を回顧してみよう。日本チームが過去2回の優勝経験を持つ同ランキング3位の南アフリカ代表チームを34-32点で破る番狂わせを起こした。この試合前には、多くの人は日本チームが勝つとは思っていなかった。アスリートは試合前にも、勝つことを念頭において鍛錬を重ね、試合にも勇気をもって戦い、勝利を得た。

さらに、武士に望まれている会話の内容について、『武教小学』には、次の記述がある。

> 士たる者がつねに語るべきことは、まず、なにが義にかなった行ないであり、何が不義のことであるかという論、古戦場でのこと、古今の義に裏付けられた勇〈勇義〉のおこない、各時代の武義の盛衰などであり、これらについて議論をし、議論を通じて今日のよくない点に対する戒めとするべきである。(②,111頁)

義は自己犠牲をともなう行ないである。仁義、忠義と言われるように、義の行為は他人を思いやる仁や道理に結びついた義である必要がある。他人への暴力、弱い者いじめなど不義である。正しいことをする正義なども考えると良い。史実の戦略なども議題にすると良い。友達に、ある商品を売ると儲かるぞ、などという話は「ねずみ講」という無限連鎖防止法に抵触する恐れがある。経済学の父、アダム・スミス(1723-1790)は、商人の利得を是認している。それは社会的機能、生産者と消費者を結び付ける機能があり、この機能を能率的に演ずれば演ずるほど利益が増える。ここに経済的な道理がある。今日、社会は複雑化しており、一人で様々な物事の道理に熟達するのは難しい。自分も何か専門分野の道理を積み重ねて得意分野をもち、友達と交流できると良い。

同じスポーツ、同じ専門の人でも、物事の一面を観ているだけである。氷山には左右の側面、見えない水中に埋もれている部分の洞察など、知らぬこと、分からないことに、満ちあふれている。時間のある燕居では、話をしたこと、話をすることの内容を調べると良い。また、他者との対話の内容をメモしておくと、後々に知識を深めるのに役立つものである。義は仁や道理の裏付けで、堂々と行えるものである。

言語対応には、K.T. ヤスパース(1883-1969)の交わり(Komunikation)がある。学校、職場、鍛錬の場などはその場の交わりである。「小学」の間に、人間の在り方、物事の道理を良く探求し、やがて、正しい在り方を自ら見出す。これが「小学」の卒業である。ヤスパースは実存者同士の交わりを実存的交わり(existentielle Komunikation)と称している。武士道の精神も日常の交わりで育まれる。そして、実存者は相互に尊敬し合う間柄となる。

行住坐臥

行住坐臥(ギョウジュウザガ)は日常の基本動作のことで、歩く、止まる、座る、そして臥すが基本で、日常の立ち振る舞いを意味している。外出した時には、何が起こるかわからないものである。『武教小学』には、次のように述べている。

道を行くときには大道を歩いて近道をしようとはしない。‥‥およそ、士としての道は、行くときも、とどまる時も、つまり、常時すこしの間でも、ぼんやりしているならば、非常の場合にはかならず平常心を失ってうろたえるものだ。一生の間、怠らずつとめても、その一事ですっかり駄目になってしまうのである。それゆえに、非常の時はいつやってくるのか分からないのであるから、すこしの間も心を怠らせることはできないのである。(②,111-113 頁)

小説の中で、宮本武蔵が道を歩いている時、石につまずいてよろめき、「不覚であった」と反省した話が合った。道を選ぶ時には歩き易い道をえらび、危険な道では、石橋を叩いて渡る気遣いが大切である。「江戸しぐさ」の「うかつあやまり」には、たとえば相手に自分の足が踏まれた時にでも、「すみません、こちらがうかつでした」とあり、自分が謝ることで、喧嘩を避けることができるのである。まして、お互いの不注意で接触してしまったときも「すみません」と言い、無駄な口論の時間を避けるのである。さらに、道を歩いている時には、先方から来る人に接触しないように、手前から心がけて歩くものである。

今日の車社会では、自動車事故に遭えば軽傷では済まない場合があり、アスリートが自動車事故で大怪我をすれば、選手生命が絶たれてしまう。一流のアスリートは一瞬の油断もしないものである。アスリートが酒を飲み運転をし、事故を起こしたというニュースも聞く。これは道路交通法違反をして、道を踏み外したことになる。今日でも、交通事故を回避するには、1 瞬の油断もできない。

2-3.山鹿素行の論ずる「道」

『山鹿語類』は「第 1 巻君道」より 43 巻にのぼる大著である。この書の第 36 巻に「道を論ず」とある。この巻に、山鹿素行は弟子に返答して、次のように述べている。

先生が言われた。道とは人の歩く路というものがもともとの意味である。子思は「君子の路はたとえば、遠くに行くにはかならず近いところを通って行くという、その路のようなもの。高いところへ登るには低いところから登るはかわないというような、しごくあたりまえのものである。」といっている。…

孟子は「道とは大路とおなじでわかりにくいなどということはないのだが、ただ、人がこれを見

つけようとしないのが心がかりなだけだ」という。(②,436 頁)

「小学」世代に相当する、今日の若者達も、大学の進路、さらに就職の進路、スポーツ競技の選択など、道選びをする。学問、職業、アスリートへの道は、どの道であっても、第1歩から始まり、一流の能力者になるには、ほど遠い道程である。家より外出するときの旅路に相似している。人にはその人に適した道があるが、孟子の「人がこれを見つけようとしない」でいる。スポーツ界では体の一部にハンディがあってもパラスポーツがある。さらに、近年は電子競技(e-Sports)がある。アスリートにならなくても、スポーツ指導者への道もある。さらに、師・素行は道について、次のように述べている。

先生がいわれた ― 「道」とは。いかなる事柄、いかなる場にも通用することばであって、天地には天地の道、人には人の道、事物には事物の道、君子には君子の道、小人には小人の道がある。それゆえ、道はどんなところにも、また、いかなるものにもかならずあるのであって、ちょっとしたものがあれば、それについても一つの道があるというものなのである。(②,435 頁)

先生がいわれた ― 「道」とは社会的な地位などに関わりなく、普遍的に妥当するものをいう。だから、それぞれの場合の道ということばの意味をよく考えるならば、その軽重は知られるであろう。そもそも、道とは条理あるものであり、いたるところに通用するものである。身近なところでいえば人の道である。

『論語』にも、「士道に志す」、「道に志し、徳に依る」または「有道(道義を身につけている者)についてこれを正す」などといわれているが、これらは聖人の道をさしていうのである。「天地人物」つまり、この宇宙のすべては「道」によって存在している。このように道はすべてを包括するほどに広大であるのだが、こまかい点についていうならば、その共通の特質は「条理ある」ということである。(②,438 頁)

道には様々な「道」がある。人が生きる人生にとっての道は、「志」により、道が開ける。その人の心の内にあり、言葉で語ることが可能で、ときに信念として語られている。ただ、道は言葉で語るだけでなく、鍛錬するという行動に現れる。道を力強く歩んだ成果として、賞状やメタルを獲得することができる。宮本武蔵の『五輪書』は一つの武士道の条理である。兵法の道は、条理に関係して、「理を得てから歩く」、「歩いてから理をえる」、「歩きながら理をえる」がある。武術を習得しようとする者に武蔵の武術の理は金言としての価値がある。それにしても、実際の試合では負けることもある。敗因を分析して、足りなかったことを見出し、克服する理をみいだして、道を歩む(鍛錬)ことである。負けたことに悲観することはない、敗因から学ぶことにより、次には勝利をもたらすものである。

問題の解決法を見出す基本は古代ギリシャの「テオリア」である。スポーツは動作の勝負であり、どんな状況でどんな動きをしたか、どうすべきであったかを見出す。そのときの心の状態は動であったか、なぜ水の様な変化ができなかったか、相手より優位な身体一如を鍛錬する。アスリートが、敗因を見出し、これに対処する創意は、将来の職業の仕事にも力を発揮することができるであろう。

道の条理は理の領野である。理について、山鹿素行は次のように応えている。

> 先生がいわれた — 理の性質は条理あるということである。どんな小さな事物(物や現象)にも理は内在しているが、これが一物一理ということである。だが、この宇宙は間にたった一つの理があるのではなく、その理には大小精粗があり、精細につくしきわめなければ、その全体を明らかにすることはできない。また、それをつくしきわめていけば、それは同時にその条理をただすことにもなる。条理がみだれていれば、その理はあきらかにならないのである。(②,438-439 頁)

> 先生がいわれた —『周易』に、「平易と簡約の二つの働きで天下の理はすべて得られる」とあり、説卦伝には、「天下の理を窮め、人の本姓を知りつくす」「人性と天命の理に順おうとする」などのことばがあり、孟子も「理と義とがわが心をよろこばせるのは、獣肉がわが口をよろこばせるのとおなじことだ」といっているが、ここで理というのは条理のことである。
>
> 古人のことばはもっぱら道にかかわり、理にはほとんどおよんでいない。それに反して後世の儒学者はもっぱら理について語って、多くは道には言及しない。これは彼らが聖人の教えからはなれて、無用の談論にふけることを尊しとするからである。理と道とは重なり合っているもので、道といえば理はそのなかに含まれているのだが、その区別をいえば、理はそれについて思い、また、語るものであって、つまり行為性がないのに対して、道とはより行うべき規範であるということができる。(②,439 頁)

道は歩くものであり、理は考えるものであり、「知行合一」でなければならない。理があって歩けば、納得して、自信をもって力強く歩ける。江戸時代でも「儒学者は理について語って、多くは道に言及しない」、「無用の談論にふける」、「行為性がない」といった、有言であるが、実行の伴わない、「道」の喪失がみられていた。1歩左足を出し、続いて右足をだし、歩き続けることが肝要である。

2-4.武士道の原型

図表 2-1　武士道の原型

主君への**忠**　　　**義**　　　**勇**

（ 戦 国 の 世 で 生 成 ）

武士は主君に仕えていた。そして、武士は**図表 2-1** で示すように、主君の思いを、忠義として律して、勇敢に行うものである。この武士道の原型にみられた史実が、「忠臣蔵」であった。この事件は、江戸中期、江戸城の松の廊下で、吉良上野介が赤穂藩の藩主・浅野長矩により、切りつけられたものであった。吉良はお咎めなしで、加害者とされた浅野は即日切腹となった。後日、赤穂浪人大石良雄ら四七人が、元禄 15 年 12 月 15 日(1703 年 1 月 30 日)、吉良邸に討ち入りして、吉良の首をとり、主君の仇討をした。幕府は私闘を禁じていた世であったことから、全員に切腹を命じた。この事件を題材として「忠臣蔵」の戯曲や講談などで語られてきた。

戦国の世では、武士の武勇伝は多々あったが、江戸幕府の誕生後 100 年、太平の世が続き、世の人々は赤穂浪人四七人に武士道の表出をみた。四七人は、主君が吉良打倒を果たせずに切腹させられた、この願いを叶えることを義とし、死をも恐れない勇気をもって、吉良の首をとり、主君の願いを叶えた。他方、この行為は武家諸法度に抵触していた。四七人は討ち入り後、主君の菩提寺泉岳寺で、墓前で報告後、切腹を住職に願い出たが、住職に「困る」と言われ、幕府のご沙汰が下るまで、いくつかの藩邸に留め置かれた。ご沙汰は全員切腹であった。

論語に「義をみてせざるは、勇なきなり」とある。戦国の世では、忠をつくす人は城主であり、城主への忠に対して、義を思うものである。そして、戦いでは勇敢に戦うものである。武士道の原型は忠・義・勇と言える。アスリートの試合で、熱戦が繰り広げられると、観客は選手の勇気に満ちた試合に酔いしれる。大衆である観客は勇敢な選手やチームを応援する。観客は、応援しているアスリートやチームに、同化して、その「勇気のあるプレー」から、元気をもらうのである。逆に負け試合となると、気落ちしてしまうのが応援者である。アスリートは応援されると、自分より人の為の思いから、より勇気が奮い立つものである。

勇気そのものには忠や義の価値観はない。論語に「仁者は必ず勇あり、勇者は必ずしも仁あらず」とある。仁や義の価値観がなければ、勇気の発揮はただの乱暴者となってしまう場合がある。室町時代の武士が文武両道を目指した、また、宮本武蔵も文芸作品を残したように、武士道には品格がある。品格ある武士道は**図表 2-2** で示されている。

図表 2-2　武士に求められる勇気と品格の道

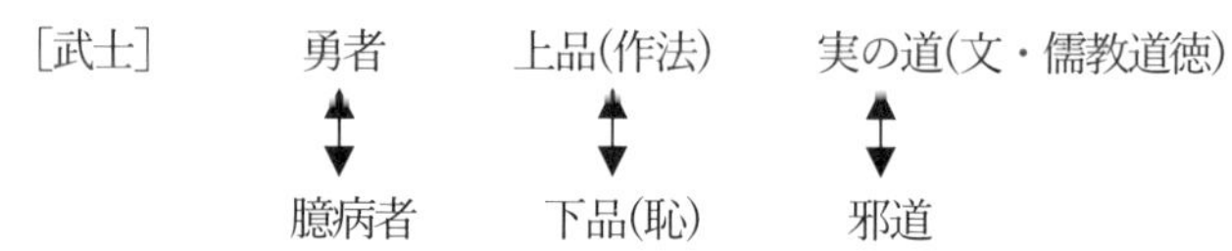

武士の品格は自然と身につくものではない。親や家族らが手を携えて、幼児から育むものである。小刀を持って、木片を削っていても、現代人のように、危ないからと言って、取り上げたりしなかった。また、落馬をすると怪我をするから乗るなとも言わなかった。大怪我をしないようには注意しても、多少の怪我は子供が、今後、自ら怪我をしないための学習であった。武家の伝統を引き継いで、箸の使い方、食事の作法、礼儀の所作も機会あるごとに、手本となる型を示して、子供に教えていた。江戸時代の子供は、「論語読みの論語知らず」といわれ、子供の対人関係の問題も儒教を引き合いにだして、説いていた。武士の武勇伝も、事ある毎に話して聞かせていた。こうした幼少期からの武士となる教育に支えられて、戦国時代では、若武者として、初陣をも果たしていた。

現代においても、アスリートの道を歩むには、親の理解と、生活環境が重要な要素である。野球の盛んな国では、子供時代にバットと柔らかいボールとで、草野球をする環境があった。サッカーの盛んな国では、野原とボールがあり、子供の遊びの環境が出発点であった。次いで、学内のクラブの本格的な施設で、競技スポーツの機会をえることである。親の支援で、本格的な少年野球チーム、サッカーチームへ加入させてくれることは幸運である。学校に剣道クラブが無い場合には、親が面、胴、竹刀を購入して、道場へ通わせてくれることが出発点となる。何より重要な要素は本人の夢とそこへ向かう志である。

2-5.新渡戸稲造の武士道

江戸時代の太平の世の中では、武士道精神を涵養することを目的とするので、主君への忠から、論語にある他者への「仁」が中心的な徳目となっていった。また、武士社会の倫理としての「武家諸法度」という法律が定められた。この時代の武士道は、新渡戸稲造が自著『武士道(BUSHIDO: The Soul of Japan)』で的確に論じている。

図表 2-3　新渡戸稲造の武士道

徳：善行を積む
人
道
無徳
忠⇒ 仁
礼
義
忠義
義理
勇
勇気
実⇒ 誠
名誉（社会存在）
⇕
克己（自己存在）

新渡戸稲造はベルギーの法学者ラベルの家に招かれ、宗教の話になり、日本の学校教育に関して「宗教がない! それでは、どのようにして道徳教育を授けているのですか?」(④,18頁)と問いただされ、その時は、即答はできず、後に、英語で“BUSHIDO: The Soul of Japan”を著わした。

この書の第 1 章は道徳の体系としての武士道である。道徳性は西洋東洋を問わず、優れた人間の在り方である。東洋風に表現するならば、他人への思いやり、正義の行動、そして、人の内面から湧き上がる気持ちでの行為で、無償の尊い行ないである。それは、小さな親切から、周りの人へ、社会へ、世界へと及び、勇気なくしてはできない、他者への思いやりを実現するものである。多くの人の幸福実現に貢献した人は聖人と称される。そして、後世に偉人として伝わる。

西洋の道徳はイマヌエル・カント(1724-1804)の言う「定言命令」の声に従う行為である。平易に言えば、定言命令とは神の声である。新渡戸に道徳を問いただした人の国では、宗教からの人間行為の教義があった。道徳の教義も愚人は「モラル・ハラスメント」をしてしまう。相手の行為を道徳の教義に至らないといって、相手の言動や行動を非難し、その相手に精神的苦痛を与えてしまう。その非難した愚人はモラル・ハラスメントとの自覚もなく、「仁」が欠如していて、ただ自分が優越感に浸っているだけである。

アスリートは「実」を判断することが大切である。倫理はスポーツ界での人間同士の正義である。正しい筋肉を増強するためと言って、禁止薬物を服用することは論外であるが、コーチが自分の指導成果を上げるために、選手には内緒で服用させてしまう者がいた。アルコールなどは人から勧められても、酔っ払うほど、飲まないのが賢明である。鍛錬で獲得した繊細な運動神経が鈍くなる。社会の法律に違反した行為をするなども、論外である。違反行為はチームの出場禁止、本人の選手活動禁止などの社会的制裁に通じてしまう。「仁」をこころがけていれば、法律に触れることもないであろう。

洋の西洋と東洋を問わず、日本の武士道も西洋の騎士道も道徳的なものである。新渡戸は武士道的西洋人を貴族の義務(ノブレス・オブリージュ)に見出した。身分や階級が上位になればなるほど、責任も大きくなると言うのが理念である。武田信玄は領地内の川が度々氾濫して、領民が災害に遭うので、信玄堤と言われている堤防を築いた。

道徳と倫理には違いがある。倫理は人倫の秩序の考えで、家族、契約、社会と個人とか多様な人間関係の在り方で、この倫理は明文化した法律に規定されている。最も非倫理的行為は刑法に定めてある。スポーツ種目にもルールが定めてある。プロレスリングは喧嘩の様に見えるが、ルールがあり、選手に従わせるレフリーもいるスポーツである。

実定法は人間が定めたもので、完結ではなく、時代の変化に応じて改訂されるものである。古代ギリシャに於いて、ソクラテスは、若者をたぶらかしているとして、議会の決議で死刑宣告され、ソクラテスは「悪法も法なり」と言って毒杯を飲んだ。戦国時代は無法であったが、近代社会では法律の規定で秩序がえられる。モラルを自覚することはアスリートの品格に関わっている。あるスポーツ選手が、病室にいるファンの少年に、励ましの言葉や身に着けた用品を贈ったことは「定言命令」による行為である。

2-5-1.武士道の淵源

新渡戸は武士道の淵源を仏教、神道、儒教など形而上学的領野を指摘している。仏教は死後に浄土があると説いて、武士の死生観に影響している。神道は祖先崇拝の想念は人々の系譜をたどれば天皇が共通の祖となり、源頼朝よりの武士社会の長は朝廷よりの官職としての征夷大将軍に任ぜられている。孔子の教義は君臣、父子、夫婦、兄弟、朋友の五倫の道を説いたものであり、武士道の仁(忠義)に影響している。

義

義の説明に新渡戸は高名な武士の言葉を例示している。林子平は「義は勇気を伴う決断の力である。道理にまかせて決心し、躊躇をしない心をいう。死すべき場合に死し、討つべき場合に討つことである。」(④,54頁)また、真木保臣は「節義とは例えて言えば、人体に骨があるようなものである。骨がなければ、首も正しく胴体上になく、手は動かず、足はたたない。同様に人は才能や学問があっても、節義がなければ世に立つことができない。節義があれば無作法、不調法であっても事かかない」(④,54頁)と。

武士道に叶う武士は仁義勇である。義は仁があって、自らを律するもので、さらに勇気が加わると、その合理の決断は気概をもって行うことができる。その最大の勇気が死を覚悟することである。今日の組織社会の中にあっては、死の覚悟は心の中にあって、実際の行動は、組織に辞表を出す行為が適切であろう。組織の存続の危機に際しての義は、企業戦士と称され、ピンチをチャンスに換えて、事業を再生して美徳となる。スポーツの試合でも、アスリートが死に物狂いで、対戦している節義は、観客に感動をあたえる。また、観客の応援はアスリートの闘志を鼓舞する。

義理という用語は、本来ならば道理をひたすら行う良い意味であるが、今日の「義理だて」は、人に物事を押しつけてしまうこととなり、不適切な意味を持つようになってしまった。上役からの、先輩からの、私用の命令、嫌な用事や強弁など、今日では「パワハラ」である。義は勇気をもって成し遂げられが、孔子は「仁者は必ず勇あり、勇者は必ずしも仁あらず」と言っている。義勇には他人を思いやる心(仁)と、倫理にかなった正義に基づいて行動することが求められている。アスリートにとつての正義はスポーツマンシップで、スポーツのルールを遵守して競技を行い、相手の選手に対しても敬意をはらい、決して相手に怪我を負わせることなく競技をし、マナーとして競技の前後に挨拶を交わすのである。ラグビーの試合後は敵も味方もない、ノーサイドとなる。義は相手を重んじて、自制する行為である。

仁

新渡戸は仁について、「愛、寛容、他者への同情、憐憫(ﾚﾝﾋﾞﾝ)は常に至高の徳、すなわち人間の魂が持つあらゆる属性のなかでも最も王者の風格に満ちており、また、王者にこそ最もふさわしいものなのである。」(④,72頁)と言っている。また、プロイセン王について「フリードリッヒ大王が*「王は国家の第一の召使いである。」*と述べた」(④,74頁)ことを取り上げ、米沢藩主、上杉鷹山も同様であったと、新渡戸は述べている。

上杉鷹山(1751-1822)は、次の三か条を心に留めて忘れないようにと、次のように書きしるした。

一、国（藩）は先祖から子孫へ伝えられるものであり、我（藩主）の私物ではない。

一、領民は国（藩）に属しているものであり、我（藩主）の私物ではない。

一、国（藩）・国民（領民）のために存在・行動するのが君主（藩主）であり、“君主のために存在・行動する国・国民”ではない。

上杉鷹山が藩主となった時、越後120万石の時に家臣6,000人であったが、米沢藩15万石(実高30万石)になっても6,000人の家臣がいた。そして、借財20万両(150~200億円)、石高15万(実高30万石)であった。鷹山は藩政改革として、農村の復興策は漆、桑、楮(ｺｳｿﾞ)及び米沢織の殖産興業をした。また、藩校、興譲館を建て、教育にも力をそそいだ。そして、文政6年（1823年）には米沢藩の借財は完済された。

「成せばなる 成さねばならぬ 何事も 成らぬは人の 成さぬ成けり」という鷹山の言葉は、1964年東京オリンピック、日本女子バレーの監督大松博文監督が「成せばなる」と選手達に鼓舞した言葉である。新渡戸が欧州で見出したノブレス・オブリージュは江戸時代の上杉鷹山にも見出すことができる。

アメリカ大統領J.F.ケネディ(1917-1963)も日本人の尊敬する人物として上杉鷹山をあげた。今日の経営組織においても、社長に最も相応しいのは人格者である。社長には経営専門の知識が無くても、専門家を雇用すれば良いのであり、人格者は優秀な人材を使いこなすことができるのである。現代は組織社会、スポーツの種目毎にある組織も、長は人格者、その下の階層に専門家、そして選手(アスリート)で構成されるのである。しかしながら、組織の長に仁者がいるのは希と言っても良いかもしれない。それは、仁者の属性である寛容と忍耐より、権力人の意欲が、不幸なことに、組織の長にのし上がってしまうからである。現実の状況は不条理の傾向があるが、正義の道理を条理とするために、会社組織には社是・社訓があり、創立の理念がある。組織の構成員は交代しても、先達の理念を踏み外してはならない。上杉鷹山は10歳で米沢藩8代藩主重定の養子となり、1767年に家督を継いだ。上杉鷹山の三ケ条の戒めは、組織の長は組織を私物化せず、構成員の為に献身するものと定めている。

仁あるアスリートは仁ある武士に共通する。新渡戸は「幸にも、仁は美しく、希有なものではない。*「最も剛毅（ゴウキ）なものは最も柔和なものであり、最も愛のある者は最も勇敢である」*とは、普遍の真理なのである。*「武士の情け」*、すなわち武士の優しさは、私たちの内面に存在するある種の高潔なものに訴える響きを持っている。侍の慈悲がほかの者の慈悲と異なるというのではない。しかし、侍の慈悲は盲目的衝動ではなく、正義に対する理解に依拠している。…仁の心を持つ者は常に、苦しみ悩む者への配慮に満ちている」(④,80頁)と仁は武士に限らず、万人に求められている。仁は孔子の思想であるが、仏陀は慈悲と教えて、慈悲は他者の苦しみを取り除いてあげることを意味するとしている。江戸時代の幕末、幕臣の勝海舟と倒幕軍の西郷隆盛の会談で江戸城無血開城がなされた。もし、倒幕軍が江戸城を攻撃したならば、江戸が焦土と化し、倒幕軍も江戸の町民にも多大な犠牲者がでたに違いない。無血開城で、無益な犠牲者が出ず、戦わずして決着した。大政奉還と戦いの回避が、敵・味方・住民への思いやり(仁)のある行為から導かれた。

新渡戸が示した「普遍の真理」とは、物事は両義で成り立つということで、一つの事柄のみを絶対視すると、誤謬に陥るということである。君主の役割と領民への献身。強さと柔らかさ、愛と勇気、武士の強さと武士の優しさ、慈悲そのものに喜びを与え、悲しみを取り除くという意味がある。誤謬の例として、仁者のごとく人の良い人には、騙してまで、甘える者が近づく。

礼儀

新渡戸は礼儀について、次のように述べている。

> 礼儀とは、他人の気持ちに対する思いやりを目に見える形で表現することである。それはまた、物事の道理に対する当然の尊重、ひいては社会的な地位に対する当然の敬意でもある。本来、その社会的地位とは、貧富の別にもとづくものではなく、実際の功徳の差を表するみのだからである。
>
> 礼儀の極意は愛だといっても過言ではない。私たちは敬虔な気持ちを持って、礼は「寛容であって人の利をはかる。礼は妬(ﾈﾀ)まず、誇らず、たかぶらず、非礼を行わず、己の利を求めず、軽々しく怒らず、人の悪を思わない」ものだといえる。(④,92頁)

礼儀は「仁」を目に見える形で表現したもので、身近な礼儀は「礼」の会釈と敬礼である。欧米の握手もあるが、COVID-19は非接触を促している。握手には仲良くしようという意味も込められている。地位の高い人へは敬礼をする。地位の高い人も部下からの挨拶にたいして、「実るほど頭の下がる稲穂かな」と謙虚に返礼・声掛けをする。

上記の引用文の「儀礼の極意は愛」は、聖書(コリントの信徒への手紙)からの援用で、凡庸な人がついついしてしまう非礼に関係している。日本の挨拶で、お辞儀をされて、「誇り、高ぶって」お辞儀を返す人がいる。また、ある人は利になるからと、ぺこぺこお辞儀をする人もいる。礼には敬愛の念が必要である。

大学生が就職を控えて、就職活動をすると、言葉遣いや挨拶の仕方に気をつけるようになる。普段から、し慣れていないお辞儀はぎこちないものである。小さいときからお辞儀をしている人は、仁愛の情も育まれる。よって、お辞儀は仁愛を育む修練である。この仁愛に満ちた人のしぐさは、軽いお辞儀でも、気持ちが伝わるので、「礼」より「仁愛」が大切なものである。人間の社会性に不可欠な「仁」は礼で時には敬い、時には謙譲して、育まれるものである。日本の武芸は礼に始まり、礼で終わる。格式高い剣道の試合では、古くは貴人に対する挨拶に由来し、相手に敬意を現わす蹲踞(ソンキョ)をする。

礼儀は食事の作法、時宜に応じた衣服、場に合った会話にまで及ぶ、これらも仁愛への心がけである。新渡戸は「礼儀は仁愛と謙譲という動機から生じるものであり、他者の感情を気遣う気持ちに動かされるものであが、これは共感を優美に表現したものであるからである。それに必要なものとは、嘆き悲しむ人とともに嘆き悲しみ、喜ぶ人とともに喜ぶことである。」(④,102頁)と、仁愛に加えて、相手にへりくだる、謙譲の美徳を指摘している。

勇気と敢為堅忍

新渡戸の「勇気、敢為堅忍の精神」の章に、勇気について、次のように記述している。

> 勇気とは、義のために実践されるのでなければ、徳としての価値はほとんどない。孔子は『論語』のなかで、彼がよく用いる否定による論法で勇気を定義づけている。孔子は「義を見てなさざるは勇なきなり」と言う。この格言を肯定的に言い直すと「勇気とは義をなすことであるということになる。あらゆる危険を追い求め、命を殆(アヤウク)くし、死の口に馳せることが、しばしば勇気と同一規され、武を生業とする者にあっては、そのような向こう見ずの行為が、シェイクスピアの言う「勇猛の私生児」として、不当に称賛されている。しかし、武士道の教えにおいては、そうではなかった。死に値しないことのために死ぬことは「犬死」とされた。水戸の義公(徳川光圀)は述べている。(④,62頁)

学校や職場の目的社会にあっては、学ぶ、働くのが義であり、この行動を十分に伴うことが勇気に要求される。事をなしているとき、他の事に気を取られてしまう。いわゆる「ながら族」は勇気をもって、するべき事に、真剣さがたりない。学ぶときは学び、仕事するときには仕事をし、休むときは休むのである。難しい課題、企業のリスクの顕在化は勇気をもって取り組めるかの真価である。この困難の伴う事項を、思い切ってやり通すことが敢為(ｶﾝｲ)であり、敢為は勇気の属性である。新渡戸は勇気と物事を推し進める敢為について、次のように記述している。

勇気の精神的側面は沈着、すなわち心の穏やかな平静によって示される。平静とは、静止状態にある勇気である。それは勇気の静的表現であり、敢為が勇気の動的表現であることと対照をなす。大勇の士は常に沈着で、決して驚かず、何事によっても精神の平静をかき 乱されることはない。

激しい戦闘のただなかにあっても冷静さを失わず、 自然災害のさなかでも心の安定を保つ。地震に動揺せず、嵐をものともしない。真に偉大な人物として称賛されるのは、危険や死に直面してなお平静を保つ人、例えば、危難を前に詩を吟じ、死を前にして歌を詠じることができる人物である。筆蹟や声音に何らの乱れもみせないこのような態度は、心の広さの証である — それは「余裕」と呼ばれ、圧しつぶされず、混乱せず、常にゆとりを残している方なのである。(④,68 頁)

勇気は外界に身を投げ出す行為である。この勇気ある行為を、精神的に内面から、粘り強く支えるのが敢為である。初めての大会参加の試合、など、心が動揺して、実力を発揮できない。やがて場慣れをすることで、平常心を保って、力を発揮できる。突然の地震、火事に際しても、動揺せずに、平静さを保って、冷静、沈着して非難や救助の活動するのも敢為である。敢為は世の中で生起している事柄について、経験知を蓄積しておくことである。地震や、火事や、人間の死までも知見を得ておくことである。引用文の死を前にして歌を詠じたのは、江戸城を築いた太田道灌(1432-1486)で、次のようであった。

太田道灌が槍で刺されたとき、彼が歌をたしなむことを知っていた刺客はその一突きとともに、このような上の句を詠んだ。

「かかる時さこそ命のおしからめ」

すると、息も絶えだえの猛将は脇腹の致命傷にもひるまず、下の句を続けた。

「兼ねてなき身と思い知らずば」(④,68 頁)

死を前に、下の句を詠まねばならないという義を、息絶えながらも敢為をもって詠む、これが勇気である。勇気には義をともなう、勇気は物事に動じない、勇気は敢為をもって行う。

道理を解さない「匹夫(ﾋｯﾌﾟ)の勇」というただ血気にはやるだけの勇気は、取るに足りない名ばかり勇気である。正義があればこそ平静さを保つことができる。正義を完遂するには敢為を伴うものである。太田道灌は歌集「花月百首」を残すほどの、文武両道の武士であった。勇者は死に際に向かって、自らの人生を完成させるのである。人生には卒業がある。アスリートからの引退、会社からの退職など、節目があるが、どの節目に向かっても、有終の美を願うものである。

無鉄砲、向こう見ずといった、独りよがりの勇気の様子は、日本の武士道では「犬死」とされ、仁・義の欠如で堅く忍ぶところの「堅忍」の意味がない。勇気は義の行為を我慢強くする堅忍で成すことである。ジョギングで、5 キロ走る、さらに 10 キロも走ると、走るのが辛くなる。この辛さに耐えることを学ぶと、忍耐力がつき、堅忍への粘りが陶冶される。

江戸時代になると、主君への忠義の形として、主君の死と共に、殉死することは、追腹禁止の令で、武士はできなくなった。まさに、殉死は無駄死である。武士道を記述した『葉隠』は山本常朝の口述で、常朝は藩主・鍋島光茂の死とともに殉死をと思っていたが、追腹禁止により、死ぬ事はできずに、隠居した。『葉隠』は藩士・田代陣基が隠居した常朝の住居を訪問しては、筆録したものである。常朝が城主とともに「犬死」で死んでいたなら、この書は現存に至らなかった。

今日、自殺などと思ってしまう事例もあるが、取るに足らない身近な人から、見知らぬネットから、「死ね」などと言われたとしても、仁のないその人に、義理立て無用である。むしろ、「今にみておれ、努力して、偉くなるぞ」という糧に転化することである。人は死を意識するときには、実存の入口に立つ。病気で余命 5 年と、医師から言われたなら、残された人生を如何に有意義に生きるかを考え、勇者は病を抱えても、人生に悔いないことを実行に移すものである。

名誉と恥

名誉と羞恥心は、物心が付いてから育まれるものである。家庭で親が子の行動をみていて、人様に迷惑をかけた時には、親が恥ずかしいと子に、その気持ちを伝える。もし、何かの競技や成績で、上位になった時には、良くやったと喜び、子供を褒める。こうした家庭環境または社会教育の中で、良くできた時には「褒める」ことで、名誉心が育つものである。人には得意分野と苦手分野があり、子供がどのような分野の素質があるかを見極めることが肝要である。新渡戸は、名誉と恥について、次のように述べている。

> 名誉の感覚は個人の尊厳と価値に対する明白な自覚を内包しており、その自覚は必然的に武士階級の特徴となった。武士は、生まれながらにして、自らの身分に伴う義務と特権を重んずるようそだてられた。今日、honour の訳語として用いられている名誉という語が広く使われていたわけではそのない。しかし、その観念は名、面目、外聞などの言葉で表わされていた。これらの言葉は、それぞれ、聖書で用いられている「名(name)」、ギリシャ語で仮面を意味する語から進化した「人格(personality)」、そして「名声(fame)」を思い起こさせる。高名、すなわち評判とは「人に備わる不滅の部分であり、それがなければ獣となる」ものであり、これは当然のこととみなされた。そして、その高潔さを侵害するいかなるものも恥とされ、恥の感覚である廉恥心は幼少期の教育において最優先のものであった。「笑われるぞ」「恥ずかしくないのか」などの言葉は、過ちを犯した少年の振舞いを正す最後の戒めであった。(④,126 頁)

名誉という個人の尊厳と価値は自覚によるもので、自ら名誉を重んじる意志を持つことが必要である。また、名誉は周りの人々を意識しての気持ちである。よって、幼少期の体験で、試合に負けた時に、本人が「悔しさ」の気持ちが沸いてくることが肝要である。もし、試合に勝っていれば、褒められ、名誉であったはずである。信頼される指導者からは、その試合の敗因を指摘してくれるであろう。そして、悔しさをバネにして、敗因克服の練習に励むものである。

大会での勝利者には観客から喝采を浴びる。そして、大会の主宰者から賞状が勝利者へ贈られる。この受賞の名誉は誰も喜びとする。人間は社会的動物であり、社会からの称賛は、さらなる次の大会へとの励みになる。

これまで記述した名誉と恥は、武家の武士への記述であり、恥は**図表 2-4** に示すように功罪がある。恥の良い効果は「カーライルは *「恥は、すべての徳、良い作法やすぐれた道徳の土壌である」* と述べている」(④,128 頁)と。自分の能力のなさを、羞恥心は気づかせてくれる。そして、武士に見習えば、鍛錬をして自らの能力を向上する。能力ばかりでなく、身だしなみや作法、対話にまで、品格のある所作を可能にする。

図表 2-4　恥の功罪

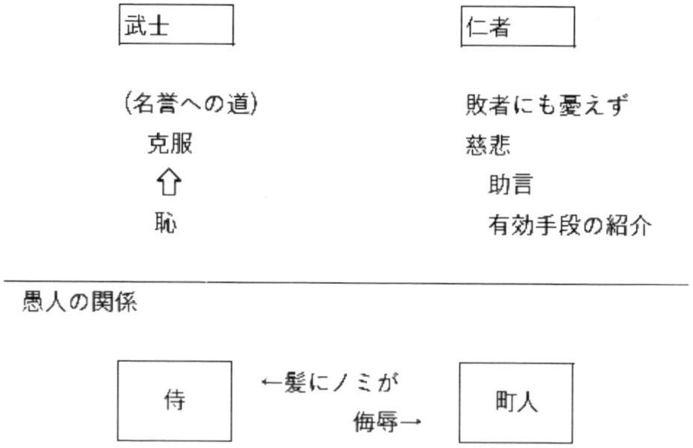

武士	仁者
（名誉への道）	敗者にも憂えず
克服	慈悲
⇧	助言
恥	有効手段の紹介

愚人の関係

侍　←髪にノミが　侮辱→　町人

恥は対人関係で様々な問題を惹起する。新渡戸は江戸時代の事例を次のように記している。

名誉の名のもとに、武士道の規律において、いかようにも正当化できない行為がしでかされた。些細な侮辱どころか、侮辱を受けたという妄想から、短気で高慢な者が立腹し、抜刀に及んだ。そしてあまたの無用の争いが起こり、多くの無実の人々の生命が失われた。ある善意の町人の話がある。その町人は、武士の背にノミがはねているのを見つけ、その武士の注意を促した。するとその武士は直ちにその町人を真二つに斬った。それも、ノミは畜生にたかる虫であり、高貴な武士を獣と同一規するのは目に余る侮辱であるという単純かつ怪しげな理由からであった。この種の話は、あまりにも浅薄でにわかには信じがたい。しかし、このような話が世間に流布していたことには次の三つの意味がある。

(1)平民を威圧するためにつくられた

(2)侍が名誉の分限を乱用した

(3)侍たちの間に極めて強い廉恥心がいきわたっていた

ことである。

異常な例をとりあげて、その教えに非難を浴びせることは明らかに不公正なことである。それは、キリストの真の教えを、その宗教的狂信と妄信の産物 ― 宗教裁判と偽善 ― をもって判断するのと何ら変わりがない。(④,130 頁)

恥と名誉は表裏の関係にあり、たとえ善良な町人から指摘された事を、恥をかかされたと感じると、侍は名誉を毀損されたと受取り、町人を切り捨ててしまった。武士は名誉を重んじる気質がある。宗教的狂信の例として、南アメリカのある国のカルト集団の教祖が病気で死期を悟り、多くの信者と集団自殺した事件があった。心で抱く価値と、自分の行為の社会的規範とは別々な次元である。

恥や名誉は今日に至っても、人間関係を複雑にする要素である。他人から恥の指摘をされると、憤慨か失望かの感情がわきあがる人がいる。指摘した者は優越感にしたっているかもしれない。このような時には、しばしば、係争に発展する。現代社会では、この種の係争は裁判になり、「名誉毀損」を争う法廷闘争となる。21 世紀では SNS が発展し、ネットネームや匿名で、誹謗、中傷する書き込みができ、厳に慎まなければならない。仁者は相手を慮り、その相手の手助けをする。スポーツを目指しているものは、技術の未熟さを耳にしても、鍛錬を重ねて、将来に誇れる成績を上げられるように目指すものである。紳士をパートナーとするゴルフは楽しいものである。ゴルフは難しいスポーツであるゆえに「ゴルフは相手のプレーを褒め合うもの」である。

侍の教育と訓練

「3 つ子の魂 100 までも」と言われているように、幼児の受容能力は驚嘆的に値する。芸術性の芽は、この時期に確認できる。モーツァルトは 3 歳で楽器を弾き、5 歳で作曲をしたと言われている。母国語となる言語も、自然に覚えて、話を始めてしまう。幼児の潜在的外界の受容力は秀でたものがある。西田幾多郎は純粋経験を見出した。この意味は主観と客観の未分化への直接経験といわれている。我々、先入観を持たずに、まったく新しい事に直面すると、その物事そのものを把持できるのである。この現象は、言葉の未発達な幼児が、生まれた国の言語に接すると、そのまま受容して母国語を身につけてしまうことに見られる。3 つ子の魂も純粋経験で形成される。

学生になって、物事を学ぶとき、物事の体験を無心になって、物事それ自体を受け入れることも大切である。トーマス・A.・エジソン(1847—1931) は発明王として知られている。少年時代、小学校に入学し、担任の先生から、「この子は物覚えの悪い子だ」と言われ、3 ヶ月で中退することとなった。しかし、母親は「この子は、物事を納得するまで考える子である」と理解していた。エジソンが先生に「1 個の粘土と 1 個の粘土を合わせたら、大きな 1 個の粘土なのになぜ 2 個なのですか」と尋ねられ、先生が返答できないような「なぜ?」

を質問したと言う。

家でも、なぜ卵はふ化するのかとの疑念を持ち、卵を抱きかかえていたりしていたこともあった。また、草は燃えないのに、枯れ草はなぜ燃えるのかと、ボヤを起こしたこともあった。こうした物事そのものを把持する、純粋経験を通して、彼は蓄音器、白熱電球、活動写真など生涯約 1,300 件の発明をした。彼の性格は努力家で不屈の人と言われている。エジソンの名言には「天才とは、1%のひらめきと 99%の努力である」、「困るということは、次の新しい世界を発見する扉である」と言うのがある。

アスリートにしても、上手に、そして強くなる閃きと努力とが一流のアスリートへと導くのである。また、高見を目指すアスリートにはスランプが付きものである。自分に合った練習方法、試合に優位な戦術も、創意工夫により、壁を乗り越えることができるはずである。あらゆる物事が進歩発展しているということは、誰かが問題解消の閃きと、その努力の成果をあげていることにつきる。天才とは努力する凡才のことである。

武士の徳性として仁、義、勇は、一般的に、多くの人にとって、教育の場なくしては涵養されない。江戸時代では幼年期において、「論語読みの、論語知らず」と言われるように、論語を暗誦していた。修学期になっても、人は自己中心の欲が深くなり、勉強もしないで偉ぶる傾向が強くなる。孔子が言った事のいくつかを、「子曰く」を省略して、次に記している。

「仁者は難きを先にし　獲(ｳ)るを後にす、仁と謂(ｲ)うべし」

仁者は難しい事項を優先的に取りかかり、何かを得ることは後回しにする。

「君子は道を謀りて、食を謀らず」

立派な人は「道」をたばかる、道をあれこれと熟慮する。食事は「道」ほど考えない。

「己(ｵﾙ)の欲せざる所は人に施す勿(ﾅｶ)れ」

他人から嫌なことをされたなら、その嫌なことを他人にしない。

「師の跡を求めず、師の求めたる処を求めよ」

師が教師であるなら、教師になることを求めないで、師の専門とする所を求める。

「最大の名誉とは、倒れない事ではない。倒れても倒れても、起き上がる事である」

「七転び八起き」倒れて起き上がる時に美学がある。そして、起き上がりを続ける。

「自分の知っていることは何か、知らないことは何か、その区別をはっきりさせることが『 知る』ということなのである」

知らないことは学ぶ。誰も知らないことは未知、未知を明らかにすることが知識創造。

「生来、人間の能力に大差はない。その後の精進によって、大きな違いが生まれる」

人間の能力差は50歩100歩、1000歩からすれば50歩(0.5%)、100歩(0.1%)にすぎない。

「これを知る者はこれを好む者に如(シ)かず。これを好む者はこれを楽しむ者に如かず」

ある事に知識のある人であっても、その事を好む人には及ばない。また、その事を好む人であってもその事を楽しむ人には及ばない。ある物事か好きな人はその素質があり、学んでみる。物事を楽しめる人は、その物事を他の人ができないほどに熟達している。試合を楽しめる人は熟達者である。

武士の勇気は物事を「恐れないこと」が幼少期に身につけることが、武家の子の教育であった。また、名誉を重んじる武士になるには「恥をしること」が大切であった。

勇気と名誉を涵養した若武者と、猛者との、悲哀に富んだ戦いの話がある。新渡戸は次のように記述している。

弱者、劣者、敗者に対する仁は、特に侍の美徳として、常に称賛されていた。…わが国の戦史において最も重要な戦いの一つ、須磨の合戦(1184年)のさなか、熊谷直実は1人の敵に追いつき、一騎打ちを挑み、相手をそのたくましい腕で組み伏せた。このような場合、戦いの儀礼として、劣勢の側が優勢の側と同じ位(地位)を持つものであるか、もしくは同等の力量をもっているのでなければ、1滴の血を流すことも許されない。この屈強な武者(直実)は相手の名を知ろうとしたが、相手がそれを拒んだため、その兜をはぎとった。するとそこに現れたのは、色白でまだ髯も生え揃わない容姿美麗の若武者であった。古武士は驚きのあまり、押さえ込んでいたその手を思わず緩めた。そして、その若武者を立たせ、父親が諭すように、この場から立ち去るように命じた。*「助け参らせんほどに、御母の許へ落ちさせ給え。熊谷の刀は和殿の血に染むべきものならず。敵に見とがめられぬ間にとくとく逃げ延びたまへ」*

しかし、この若武者は逃げるのを拒み、双方の名誉のため、この場で自分の首を斬るように熊谷に求めた。海戦山戦の猛者の白髪の頭上には氷のような刃がきらめいていた。幾多の生命の弦を断ち切った刃であった。しかし、熊谷の屈強な心はひるんだ。瞬間、脳裡にわが息子の姿がうかんだのである。息子はこの日、初陣を果たすべく、出陣のほら貝の音に合わせて駆けだして行った。武士の屈強な腕が震えた。もう一度、このいたいけな犠牲者に生命を粗末にせず、逃げるように求めた。だが、若武者は聞かなかった。やがて味方の軍兵が雲霞のごとく押し寄せる足音が聞こえてきた。熊谷は叫んだ。「今はよものがし参らせじ、名もなき人の手にうしなわれたまわんより、同じう直実が手にかけ奉りて後の御孝養を仕らん。一念阿弥陀仏、即滅無量罪」

その瞬間、白刃が空中に舞い、振り下ろされた時にはその刃は若武者の血で赤く染まっていた。若武者の首を、義経に見せると、清盛の甥・平敦盛と判明、年は十七歳であった。また、笛を所持し、今朝平家の陣から綺麗な笛の音が聞こえてきて、源氏の武将達は皆感動した、その笛を吹いていた人とわかった。(④,82-84 頁)

武人・平敦盛は「逃げるは恥」、恥は末代までも不名誉となる事を 17 歳で自覚していた。彼の悲運の話は、後世の人々に語られ、演目ともなりっている。若武者敦盛を偲いで、葬られた須磨寺へ訪れると、今日でも、この高麗笛が保管されている。江戸時代の俳人で、この寺を訪れた与謝蕪村は「笛の音に波もよりくる須磨の秋」と詠み、その碑がこの寺にある。悲哀に満ちた平敦盛の武人としての討死には、時を超えて日本人の心に残って行く。

源氏と平家の戦いで源義経は一ノ谷、屋島、壇ノ浦の戦いに勝利して高名を上げたが、兄源頼朝との対立から奥州へ下り、藤原泰衡に攻められて、自刃した。この功をあげ、名声を得、そして、兄により命を落とした義経にたいして、後世の人は英雄として哀惜して、判官贔屓(ﾎｳｶﾞﾝﾋﾞｲｷ)と言う言葉を生み、多くの伝説と物語に引き継がれた。競技スポーツにおいても、優勝者のみが絶賛されるものではない。大会の参加した、学校、地域、会社組織ばかりの人の応援でなく、組織を超えた人々が、時には政治や宗教や国の区別なく、常人にはできない、競技能力を精一杯試合で発揮した人を応援する。競技者の中には、不運にも、競技中に、体が不調になり、それでも最下位でゴールを目指したアスリートに、観客は声援をおくる。観客はそのアスリートの敢為耐久に感動したのである。

「恥」をバネに、武人は名誉を目指したが、アスリートは日々練習を重ねて、試合で勝つことを目指す。武人の恥を知れば、負け試合は次の試合の為の練習の活力となる。競技人生も加齢には勝てない。絶頂期を見極めて、恥をかくよう負け試合をしないように引退そして、別な新しい道を歩む。正道を誠実に歩んできた人は、転向した次の道は、決して「茨の道」ではない。

2-6.アスリートの指導者

勉学の教師、スポーツの指導者に欠かせないのは教える者の信頼性である。この信頼性とは能力の向上する目標値に対して、指導法の提供と被験者の練習により、目標値を達成する程度で信頼性が明らかとなる。

指導の上手な人は、名選手より、試行錯誤をして、努力を重ねたスポーツ選手が適する。指導法は初心者と経験者とでは異なっている。入門者には簡単な技を教える。初心者は、達成感により、満足し、スポーツを好きになり、続けようとする。中級者には、次から次へと課題とコツを教え、練習をさせる。世阿弥『風姿花伝』には「初心忘るべからず」とある。初心者と比較して、少しばかり技を覚え、初心者と比較し、達人になったと錯覚し、傲慢になる。世阿弥は中級者になった者に「初心忘るべからず」と言って、傲慢になることを戒めた。

また、「上手は下手の手本、下手は上手の手本なり」とあり、下手な者も技の「気づき」を教えてくれる。指導者にとっても、下手な者を上手にするのが指導能力であり、経験が指導に磨きをかける。筆者がゴルフ・スクールに通っていたとき、今期で引退する老指導員がいた。教え通り出来れば褒めてくれた。筆者のドライバーでのショットが打つ度に方向が定まらないとき、老指導員が「左膝が動いている」と指摘した。これは筆者にとって金言であった。指導員は競技スポーツそのものを熟知しないと、指導できないものである。

スポーツは体だけを鍛えるのではなく、心と体とが一体となって競技をする。競技を目指すアスリートは精神の修行も重要である。日本学生野球憲章には次のような文がある。

> われらの野球は日本の学生野球として学生たることの自覚を基礎とし、学生たることを忘れてはわれらの野球は成り立ち得ない。元来野球はスポーツとしてそれ自身意味と価値とを持つであろう。しかし学生野球としてはそれに止まらず試合を通じてフェアの精神を体得する事、幸運にも驕らず、悲運にも屈せぬ明朗強靭な情意を涵養する事、いかなる困難をも凌ぎうる強健な身体を鍛錬する事、これこそ実にわれわれの野球を導く理念でなければならない。こり理念を懇望してわれらここに憲章を定める。(下線は筆者が引く)

アスリートの正義はフェアな精神であり、勇気は平常心で強靭という、柔軟にして粘り強気概であり、アスリートはこれらを、鍛えられた身体に付与し、心と体が共に健全であることが望まれている。

アスリートの指導者には競技の指導理論も大切であるが、何より「仁」を欠いてはならない。指導者は多くの人の行動に影響する。指導者自ら競技の正道を探求して、他者をして人間となす仁者を希求するものである。仁者は憂えずと言われ、教え子にたいして、威張ったり、強弁をつかって、指示しないものである。山鹿素行は次のように述べている。

むかし顔淵は自分の怒りでほかの人にあたることはなかったという。人の仁心(愛の心)をそこなうものはみな怒気なのである。こういうわけで、名将・君子が怒りにまかせて事を行ったというためしはない。それは怒ることがないというのではなく、天下の政治を行い、または武家の棟梁という大任にあるものは、けっして怒って八つ当たりなどしないことが根本なのだ。

足利直義は「聖徳太子は怒りを顔にあらわしたことはなく、平重盛もまた一生のあいだ、怒ったことがなかったという。だからその政治は公正であり、そこには私的な利害のはいりこむことはなかった。また近頃では楠木正成も怒ったようすをしたことはなかった」と言っている。(②,292 頁)

英傑として知られている聖徳太子は「怒り」について、「17 条の憲法」の 10 条で次のように記している。

心の怒りをなくし、憤りの表情を棄て、他の人が自分と違っても怒ってはならない。人それぞれに心があり、それぞれに思いや願いがある。相手がこれこそといっても自分はよくないと思うし、自分がこれこそと思っても相手はよくないとする。自分は必ず聖人で、相手が必ず愚かだというわけではない。皆ともに凡人なのだ。これがよいとかよくないとか、だれが定め得るのだろう。互いに賢くもあり愚かでもあり、それは耳輪には端がないようなものだ。相手が憤っていたら、むしろ自分に間違いがあるのではないかと恐れなさい。自分はこれだと思っても、人々の意見を聞き、一緒に行動しなければならない。

「憲法 17 条　10」に従えば、教え子の能力のなさをせめるのではなく、指導者自らの指導方法の至らなさを熟考して、共に前進することである。指導者の在り方は過去の人物へ遡れば遡るほど、正しい教えがあるのに、今日でも指導者の不祥事があるのは、「仁」に欠け、「怒」を自制できない人が指導者となっているからであろうか。

2-7.至徳の人

武士道は行為の哲学である。徳は価値ある行為で、身近な親切から、多くの人々を助けたり、社会を安寧な生活へと導いたりする、最高の徳を積んだ人、すなわち聖人までである。二宮金次郎はその徳行から二宮尊徳と称せられている。そして、小田原城内に「報徳二宮神社」が建立されている。また、幕末では吉田松陰が松下村塾で明治維新をし、50年足らずで近代国家を成した人材を育てた。そして、世田谷区に松陰神社が建立されている。近年、中村哲が内戦状態のアフガニスタンで積極的平和に取り組んだ。この前者2名は武士であった。中村哲の偉業は新渡戸稲造のBUSHIDO: The Soul of Japanに符合していると思われる。

〈二宮尊徳〉

二宮金次郎(1787―1856)は、江戸時代後期の経世家、農政家、思想家である。彼は貧しい農家に生まれた。父は眼病を患い、1800年に病死している。12歳で、父に代わって夫役にでていた。14歳で早起きして山に薪とりに出かけ、夜には草鞋(ワラジ)作りをしていた。養父(祖父)に夜の読書で油を使うなと言われるほどの熱心な勉強家で、努力家であった。農政家と言われるのは、田植えの際に余って捨てられた苗を用水堀に植えて、米一俵の収穫を得た。また、堤防にアブラナを植え、それで菜種油を取って燈油とした。さらには、数年にわたり年貢を免除される新田を開拓して、20歳で生家を修復し、質入田地を買い戻し、田畑を小作人に貸すなどしていた。地域の農民にも、夏の時期に今年は冷害を予想して、「サツマイモを植えろ」と指導する事もあった。

文化3年(1806年)に家に戻り、20歳で生家の再興に着手する。家を修復し、質入田地の一部を買い戻し、田畑を小作に出すなどして収入の増加を図った。金次郎の農政家の名声は小田原にも届き、小田原藩士の岩瀬佐兵衛、槙島総右衛門らに仕えることとなった。その後、小田原藩で1,200石取の家老をしている服部十郎兵衛が、金治郎に服部家の家政の建て直しを依頼した。金治郎は五年計画の節約でこれを救うことを約束し、文化11年(1814年)に服部家の財務を整理して千両の負債を償却し、余剰金300両を贈ったが、自らは一銭の報酬も受け取らなかった。また、藩主大久保忠真公が民間の建議を求めた際に、金治郎は貢米領収枡の改正を建言。これが採用されて斗量を改正した。また、小田原藩士のための低利助貸法及び五常講を起こした。これらの件で、金次郎は経世家との名声を小田原藩内で得た。

二宮金次郎の最大の功績は、飢饉に際して、蔵米を領民に分け与えたことである。他の藩では餓死するものがおおく、翌年生産人口が減り、米が減収した。しかし、小田原藩では翌年も米の生産力を維持できたのであった。

晩年、弘化元年（1844年）には日光山領の仕法を命じられる。翌年、下野真岡の代官山内氏の属吏となって、真岡に移住。日光神領を回って日光奉行の配下で仕法を施していたが、3度目の病を発し、安政3年（1856年）下野国今市村（現在の栃木県日光市）の報徳役所にて、享年70で没した。日光市今市の報徳二宮神社には儒式の尊徳墓がある。

図表2-2　聖人、二宮尊徳

二宮尊徳の善行

至高の徳(民の救済)	**目的**	
思想、経世学	**学問は手段**	**後世に聖人として尊敬される**
農家の再興	**生活基盤**	

二宮尊徳は最も身近な自分の農家、本家を立て直した。さらに、地域の農政に献身した。この功績で、小田原藩に仕え、さらに、幕府の命で、今日の栃木・日光市の農政指導を行った。経世学は農民の生活改善の手段である。尊徳は「世の中は、知恵があっても学があっても、至誠と実行がなければ、事にならない」と言っている。戦後、日本が高度成長を成し遂げたとき、世界から「エコノミック・アニマル」と揶揄されたが、尊徳は「道徳を忘れた経済は、罪悪である。経済を忘れた道徳は、寝言である。」と言う。自らの生活の安定、問題解決能力としての学問、そして、多くの人々への徳を持っての無償の貢献が偉い人物ということになり、後世の人により「聖人」として尊敬されるのである。

科学知識は人類の福祉向上からは手段である。主知主義は金次郎の勤勉の生き方を歪めてしまった。高度成長期以前の小学校には、金次郎が山で集めた燃料とする枯れ木を背負子で背負ったままで、本を読みながら歩いている像があった。仕事をしながら本を読む姿は、今日では勤労学生か、働きながら通信制学校に通う人に符合するように思える。ところが、この像は「交通事故に遭う」、さらに現在では「スマホ歩きを奨励するのか」との主張で、小学校から消えてしまった。復活した姿は、背負子を傍らに置き、座って本を読んでいる像がある。この像は勤勉さの表現は消え失せ、仕事はしないで漫画本でも読んでいるようである。金次郎の時代には、自動車もスマホも存在していない。勤勉さこそが、どのような子供をも、一角の人に成長させる源である。盲聾唖のヘレン・ケラーは著述家となった。筋萎縮性側索硬化症を煩っていたホーキングは音声合成装置の助けを借りて、講演や執筆活動もし、『ホーキング、宇宙を語る』を出版して、世界的に有名な天文学者となった。誰も努力もしないで能力は付与されない。古代ギリシャのクセノフォーンは「身体を訓練しない者は身体を使う仕事をなし得ないごとく、精神を訓練しない者はまた精神の仕事を行うことはできない」と言っている。

二宮尊徳の徳に報いる報徳思想の基本は「分度」と「推譲」である。文度は報徳の仕方は自己の社会的・経済的実力をしり、それに応じて、生活の限度を定めるというものである。学生の報徳は小さな親切で十分である。推譲は他人を推薦して、自分は譲るという考えで、この思想に従えば、組織から権力闘争は生じえない、組織の長は多くの構成員からの推薦でなると言うことを理想とする。二宮金次郎は徳性のある人格者として、藩から、幕府から徴用されたのである。

〈吉田松陰〉

吉田松陰(1830-1859)の生存中には、1842 年には隣国の中国でアヘン戦争が起こった、日本でも 1853 年にペリーが浦賀に来航した。1854 年にペリーが日米和親条約締結のために再航した際には、吉田松陰は小舟を盗んで、旗艦ポーハタン号に漕ぎ寄せ、乗船した。しかし、渡航は拒否されて小船も流されたため、下田奉行所に自首し、投獄されてしまった。

1857 年に叔父が主宰していた松下村塾の名を引き継ぎ、杉家の敷地に松下村塾を開塾する。この松下村塾において、久坂玄瑞、高杉晋作、伊藤博文、山縣有朋、吉田稔麿、入江九一、前原一誠、品川弥二郎、山田顕義、野村靖、渡辺蒿蔵、河北義次郎などの門弟を教育した。吉田松陰は山鹿素行の『武教全書』を手本として講義を行った。その講義録『武教全書講録』は山鹿素行の兵学を基礎としているが、当時の時代の世相を強く反映している。吉田松陰はこの講義の開始にあたって、次のように述べている。

> 私も皆さん方も、天皇をいだく我が日本国に生を享け、その中でも私共は武家、武士である以上、その職分である武道に心を尽くして励み、国家の大きなご恩に報いるべきことはいうまでもないことである。しかしながら、武士の本分と国家の御恩をしらないという者はいないが、心を尽くしてその本分に励む者とその御恩に報いる者は、昔から現在に至るまでめったにいないのである。(⑤,15 頁)

平安時代の貴族社会から鎌倉・室町・江戸時代の武家社会へと社会の中心は移った。しかし、源頼朝も徳川家康も天皇から征夷大将軍に任ぜられたごとく、天皇の権威は連綿と続いていた。世界情勢は松陰を領主の忠義から国家への恩義へと変貌させた。武士の義の範とすべきことを、松陰は次の通り示している。

1.素行先生が、世の中のつまらない儒者等がみな外国を貴び我が日本国をさげすむという時代に生まれながら、独り高くすぐれた態度でそういうまちがった考えを排除し、古代の貴く清らかな生き方を深く追求してその本質をつかみ、『中朝事実』を執筆した。(山鹿素行は公然と朱子学を批判し、それが罪に問われ、赤穂に流された)

2.松陰志：我が国の大きな御恩に報い、武家、武士の職分に心を尽くして励むことにある。この志はたとえ死ぬようなことになろうとも私は少しも変えるものではない。

3.元赤穂藩主大石良雄以下 47 人が藩主の仇である吉良屋敷に討ち入りした。死を覚悟しての忠義であった。(大石は主君へ仇討を果たして、泉岳寺で切腹しようとしたが住職に困ると言われ、幕府に報告、幕府より浪士たちは 4 藩が身を一時あずかり、結果は切腹が命じられた。)

これら 3 項目の要約を、吉田松陰は是とし、御恩であるならば、命がけで行動することと説いている。そして、吉田松陰は武士と国家について、次のように述べている。

まず武士としてふみ行うべき道というものは、礼儀をわきまえず道理を外れるとか、乱暴で本心を失い道にそむくという、偏った武であってはいけない。また、文章などを覚えるだけとか、外面は華やかだが実質のない精神の弱々しい文学であってもいけない。本物の武、文学を学び、身を修め、心を正しくし、国家を治め天下を平和にすること、これが士道である。

国体というのは、我が国には我が国の国体があり、外国には外国の国体がある。しかし、外国の書物を読めば、ややもすれば外国のことだけをよしと思い、我が国をかえってさげすみ、外国をうらやむようになることは学者共通の弊害である。これは我が国の国体が外国のそれとはことなると言うことを知らないためである。(⑤,25 頁)

礼儀や作法は人間の基本である。もし、ある指導者がゴミを道ばたに、ポイと捨てたなら、その人の人格が疑われる。社会生活には倫理というものがあり、この明文化したものが法律と言って良いので、我々の行動は法令遵守をすることである。今日でも、知識人と称せられている者に、ことごとく外国のことを褒めて、日本のことを卑下する者が少なからずいる。日本に来た外国人と母国と日本とを比較しての印象を聞いてみると良い。また、若い内に、外国へ行き、自分の目で観て、短期間でも暮らしてみると良い。日本の良い点と悪い点が明確に実感できるはずである。

今日、情報社会と言われ、テレビ、スマホでのSNS等情報が氾濫している。情報の専門家は、情報の氾濫は単に「データの洪水」と称している。情報とは本当に自分の意思決定に役立つもので、実際にはそのような情報は希少である。よって、媒体の言葉や写真さえも情報に値しない可能性がある。一昔舞前の長距離走では水は飲むなと言われていた、水を飲むと、走り疲れにさらに疲れると言われていたが、今日水を補給しないと、脱水症状が出てしまうと言われ、水分補給が常識となった。スポーツの方法は指導者により千差万別である。良く5感を研ぎ澄まして、自分に適しているかを見極めることを要する。

人間存在は我、社会、国家、世界の在り方がある。吉田松陰は武士が国家存在のために活動する意義を見出して行動した。国がない民は、亡国の民となる。当時、国体を維持できるのは武士以外にはない。幕末は西欧の列強に対峙しなければならない時代であったが、不平等条約を締結してしまうなど、統治能力を欠き、下級武士達が倒幕して、明治新政府をつくった。明治元年(1868年10月23日)より明治維新が始動した。江戸時代の身分制度、士農工商は四民平等へと進んだ。しかし、華族という特権階級があった。また、1877年の西南戦争は士族の反乱であったが、明治維新を推し進めた人達は下級武士であった。そして、明治維新は元下級武士達の武士道精神なしにはなしえなかったであろう。

彼らは、明治政府と、明治政府の下で、明治4（1871年）旧幕府時代の貨幣制度を改めて、通貨単位として「円」を導入した。明治5(1872)年には学制が公布され、尋常小学校が各地で開校した。同1872年には官営工場・富岡製糸場が作られた。その後、鉄道、郵便、電信電話等の国営事業を興し、産業革命による資本主義社会が発展した。明治維新の50年足らずの発展は、諸外国で驚嘆をもって評価され、その要素は武道ではないかと思われ、日本の柔道が各国へ伝わった。

維新を推進した人々に影響をあたえた吉田松陰を祀る松陰神社は、1882年(明治15年)、門下の人々によって松陰の墓のある世田谷に創建された。

松陰の時世の句「身はたとえ、朽ちぬとも、とどめおかまし大和魂」大和魂とは日本の武士道を内容とするものであろう。幕末の世界の状況の中で、想起した松陰の信念は、次の世代に受け継がれ、門弟達の武士道精神による活躍が先進国に列席するほどに、日本を発展させた。諸外国は日本の武道に関心を抱き、剣道か柔道かを自国に導入しようとその国の指導者は思い、選択された日本の武道「柔道」が世界の諸国へ伝わることとなった。

吉田松陰の時代には国家の意識が高揚したが、国家より大きな存在に「世界」がある。世界的存在者として、武士道精神を体現した人として、日本人の中村哲を取り上げる。

〈中村　哲〉

医師中村哲の徳行は偉大で、語り尽くせないが、短言すれば次のようであった。アフガニスタンの病院へ赴任して、平和の実現へと、この戦いに挑んだ人であった。現地に就き、最初に懇願された病院は、医師達に敬遠されていたハンセン病棟であった。戦禍の絶えない極限状態で、最優先次項は人の命を救うことである。当初の診療所では、医療器具の不足に加えて、看護師2との態勢で70人もの患者を看る状態であった。その折り、母親が死にかけた子供を連れてくる。栄養失調のうえ、汚水を口にして、感染症を患い命を落としまう現状に接して、飲料水の必要性を感じた。中村医師は枯れる井戸をさらに深く掘るのであったが、岩石に阻まれて掘り進めない。不発弾から火薬を抜き取り、岩石を爆破もした。こうして、井戸掘りは1,600本に及んだ。

さらに、かつては農村地帯であったが、仕事や食料に事欠く砂漠化した地域で、出稼ぎか傭兵になるかが生活の手段となっていた。中村医師は命の次に「パンと水」の問題に、用水路を拓き、農村の復活を目指した。用水路の建設は本格的なもので、日本の伝統的治水技術が随所に生かされる。取水口に堰をつくり、板で水量を調整する。水路の岸辺には木を植える。川が涸れたときのために溜め池をつくるなどした。用水路完成後3年後には荒野が、奇跡と思えるほど緑の大地に変わり、離散していた人々が戻ってきた。灌漑により農業を興して生活を取り戻せた。ある離散者は「ここで、生きて行ける」という状態になった。2019年、車で移動中、武装勢力に銃撃されて死去してしまった。

パキスタンのマララ・ユスフザイは2014年にノーベル平和賞を受賞した人である。父親が学校を経営し、マララは、イギリスの病院で、奇跡的に回復した。その後、女性への教育の必要性や平和を訴える活動を続けた。教育に対する、マララの勇気ある行動は称賛をうけ、2013年、彼女は国連で演説をした。また、アメリカのテレビ番組『ザ・デイリー・ショー』に出演し、司会のジョン・スチュワートから「タリバンの誰かが再び彼女を追いかけてきたら、どうするか」との問いに対する答えで、「私はその人に教育がいかに重要かを語り、その人の子どもたちにも教育を望むと伝えます。そして言います。『これが、私があなたに言いたいことです。後は好きなようにしてください』と」。

武士道の主要な要素は仁愛、義、勇気である。副次的に礼、恥じと名誉、智、信などがある。重要なのは**図表 2-3** に示す正しい道を歩むことである。人が命をつなぐためには飲み水が不可欠である。そして、食料がなければ、飢え死にしてしまう。中村哲は「平和とは理念ではなく現実の力なのだ。私たちはいとも安易に戦争と平和を語りすぎる。」(⑥,244 頁)と述べている。

図表 2-3　武士道精神の正道

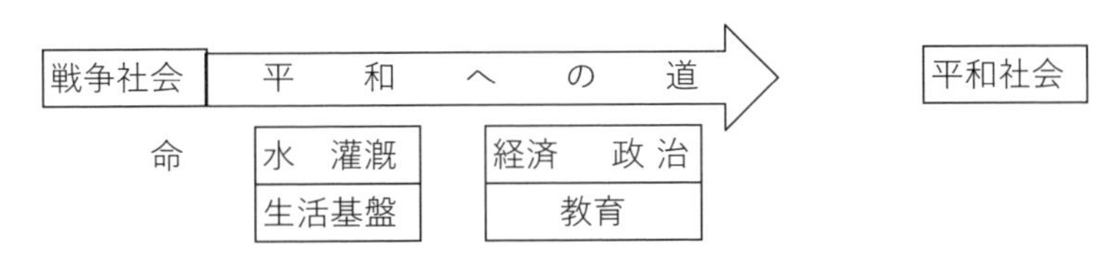

水と食べ物があれば、命は繋ぐことができるが、次には衣服と住居が生活に必要となる。経済社会の維持には、江戸時代の「読み・書き・そろばん」が最低限必要となる。安定した職業に就くためには、読み書き計算が不可欠である。読み書きができる人の割合は識字率であるが、世界の平均識字率は63%である。学ぶことは人や社会を変えるのに欠かせないものである。中村哲の徳行は、積極的平和の考えで、確実に平和へと近づくのである。

小　括

武士道は平安末期に武士が誕生し、武士階級となった武士が鎌倉時代から江戸時代に形成、陶冶してきたものである。宮本武蔵の「空の巻」の空(ソラ)には雲が浮かび、雲は湧いては、消え失せてしまう。武蔵の栄光ある武勇伝も、武蔵にとっては過去のものとなっている。武蔵は死期が近づき、弟子に『五輪書』を託したと伝えられている。人間はいずれ試合出場も、創作活動も叶わぬ事となってしまう。それゆえに、体力気力のある内に全力で事に当たる。物事は空に浮かぶ雲のごとしである。

新渡戸稲造はクリスチャンであった。彼は旧約聖書は義と新約聖書の愛を基に、貴族のノブレス・オブリージュの義愛、ヨーロッパ騎士道の勇など西欧の精神性をあげるとともに、日本の上杉鷹山のノブレス・オブリージュ、日本の武士の武勇伝とその教育を述べている。稲造の書は法学者ラベルの「宗教がなくて、どうして道徳を授けるのか」を'BUSHIDO'で見事に答えている。それどころか、米国大統領 F. D. ルーズベルト(1882-1945)のように、この書に感銘し「…この本を読んで初めて日本人の徳性を知ったので、30部購入し、知友にくばった。また、5 人の子どもにも 1 部ずつ与え、日常熟読して日本人のように高尚で優美な性格と、誠実剛毅な精神を涵養すべしと申しつけた…」(④,10 頁)とある。キリスト教による道徳、武士道の道徳、ともに道徳なのである。無教会派の内村鑑三(1861-1930)は『代表的日本人』を著わしたり、「パウロの武士道」を講演して、二つの J に生きた人といわれている。

参考文献

②山鹿素行『日本の名著　山鹿素行』、中央公論社、1971 年。

③バートランド・ラッセル『哲学入門』、筑摩書房、2008 年。

④樋口謙一郎・国分舞訳、新渡戸稲造著『武士道　BUSHIDO: The Soul of Japan』
　IBC パブリッシング、2017 年。

⑤川口雅昭訳注、吉田松陰『武教全書講録』、K&K プレス、2017 年。

⑥中村哲『天、共に在り ―アフガニスタン三十年の戦い― 』、NHK 出版、2020 年。

第3章 葉隠武士道

前章は武士道の原型としての新渡戸稲造の武士道道徳をアスリートの領域に言及して述べてきた。武士道の真髄と言われる山本常朝『葉隠』は禁断の書とされていたが、新渡戸稲造はこの書の存在を知らないでいた。三島由紀夫は20数年間の読書生活で、「折りにふれて触れて、あるページをよんで感銘をあらたにした本といえば、おそらく『葉隠』一冊であろう」(⑦,8-9頁)と言っている。

第3-1項では『葉隠』武士道を解明する。現在、出版されている『葉隠』は上・中・下と3巻に及ぶ大著であるので、『葉隠』の内容は、三島由紀夫『葉隠入門』を主に参考とする。

「武士道というは、死ぬ事と見つけたり」は現代哲学の実存主義から観ても、けっして奇異なものではない。第3-2項では哲学と武士道の相克を論じている。武士道の意味を深化することは、人それぞれが自らの生き方を覚存することを目途としている。

三島は序文にて「『葉隠』こそは、わたしの文学の母胎であり、永遠の活力の供給源であるともいえるのである。すなわちその容赦のない鞭により、叱咤により、罵倒により、氷のような美しさによって。」(⑦,15頁)と述べている。死ぬことは、生きることの、裏にあるものである。人の体は朽ちても、その人の徳と精神には継続性がある。人間は人それぞれの生き方を自覚して、その道を一歩一歩と積み重ねて歩むものである。

3-1.武士道の真髄

山本常朝(1659-1740)は鍋島藩に仕えていたときは常朝(ツネトモ)と名乗っていたが、隠居生活からは山本常朝(ジョウチョウ)と呼ばれていた。『葉隠』は田代陣基(ツラモト)が常朝の隠居している庵へ通い、常朝の語りを聴き取っての聞書である。この書の文章表現は、田代陣基の文才によるものである。

『葉隠』(聞書Ⅰ、二)に、「武士道というは、死ぬ事と見つけたり」について、次のように書かれている。

武士道の本質は、死ぬことだと知った。つまり生死二つのうち、いずれを取るかといえば、早く死ぬほうをえらぶということにすぎない。これといってめんどうなことはないのだ。腹を据えて、よけいなことは考えず、邁進するだけである。“事を貫徹しないうちに死ねば犬死にだ”などというのは、せいぜい上方ふうの思い上がった打算的武士道といえる。

とにかく、二者択一を迫られたとき、ぜったいに正しいほうをえらぶということは、たいへんにむずかしい。人はだれでも、死ぬよりは生きるほうがよいに決まっている。となれば、多かれすくなかれ、生きるほうに理屈が多くつくことになるのは当然のことだ。生きるほうをえらんだとして、それがもし失敗に終わってなお生きているとすれば、腰抜けとそしられるだけだろう。このへんがむずかしいところだ。

ところが、死をえらんでさえいれば、事を仕損じて死んだとしても、それは犬死に、気ちがいだとそしられようと、恥にはならない。これが、つまりは武士道の本質なのだ。とにかく、武士道をきわめるためには、朝夕くりかえし死を覚悟することが必要なのである。つねに死を覚悟しているときは、武士道が自分のものとなり、一生誤りなくご奉公し尽くすことができるというものだ。(⑦,106-108頁)

難しい判断の状況においては、武士は死を選んでも、恥をかかない。W. シェイクスピア(1564-1616)の劇で、ハムレットが父の「復讐をするか、諦めるか」の‘to be, or not to be’が意訳されて「生きるべきか、死ぬべきか」と訳されている。「忠臣蔵」にて、赤穂藩の浪人達が藩主の敵、吉良上野を「討つべきか、討たぬべきか」難しい判断状況にあった。赤穂の浪人47士は仇討して、死を選んだ。結果、後世の人々は忠義の士として語り継いでいる。

B.C.450マラトンの戦いで、ペルシャ軍に勝ったという知らせを、アテナイに伝えるため、兵士・フィディピディスが約40km離れたアテナイまでを駆け抜け、アテナイの郊外で「我勝てり」と告げた後に力尽きて息を引き取った。この故事により、第1回オリンピックにマラソン競技が加えられた。

これらは名誉ある死であったが、死そのものを目的とすることは誤りである。死ぬに値する大仕事をなすことが目的である。物事は死ぬ覚悟で、一生懸命に行うと、むしろ死を回避できるものである。武士は家を大事に、名誉を大事にして、ささいなことに、命を落とすことをしない。『葉隠』の序文「夜陰の閑談」に一流となる、武士道の修行への請願に次の4項目が記載されている。

一、武士道においておくれをとらぬこと。

一、主君の御用に立つべき事。

一、親に孝行仕るべき事。

一、大慈悲を起し人の為になるべき事。(⑧,21頁)

3-2.葉隠・行動哲学

死の想念による行動

三島は『葉隠』を次のように考えていた。

わたしが考えるのに、「葉隠」はこれを哲学書と見れば三大特色を持っている。一つは行動哲学であり、一つは恋愛哲学であり、一つは生きた哲学である。

第一に行動哲学という点では、「葉隠」はいつも主体を重んじて、主体の作用として行動を置き、行動の帰結として死を置いている。あくまでおのれから発して、おのれ以上のものに没入するためのもっとも有効なる行動の基準を述べたものが「葉隠」の哲学である。…

戦時中、政治的に利用された点から、「葉隠」を政治的に解釈する人がまだいるけれども、「葉隠」には政治的なものはいっさいない。…一定の条件下に置かれた人間の行動の精髄の根拠をどこに求めるべきかということに、「葉隠」はすべてをかけているのである。これは条件を替えれば、そのままほかの時代にも妥当するような普遍性のある教説であると同時に、また個々人が実践をとおして会得するところの、個々人の実践的努力に任せられた実践哲学であるということができる。(⑦,35-36頁)

中国明代の儒学者・王陽明(1472-1529)は知行合一を説いた、知るだけ、言うだけでは、知行合一にならない。知を行動に移すときには、倫理と善の価値とに符合していなければならない(実践哲学)。人間は給料を得るために働く、先生や親に褒められたいがために、勉強をするといった、条件に制約されて行動するものである。常朝は、また、生まれてきても、鍋島藩に生まれてきたい。藩主・光茂の死と共に、自ら殉死を決めていたほどであった。

時を現代に戻して、会社勤めで、過労、パワーハラ上司などで、死へ陥る人もいるが、「死の覚悟」は会社の退職・退部することで、自らの自由意志を行使できるのである。江戸時代でも、死を覚悟すれば脱藩もできるのである。葉隠・武士道は自由意志を根本におく実践哲学である。

行動の前には決断があり、『葉隠入門』の「決断」には、次のように記されている。

> 常住死身になることによって自由を得るというのは、「葉隠」の発見した哲学であった。死を心に当てて万一のときには死ぬほうに片づくばかりだと考えれば、人間は行動を誤ることはない。もし人間が行動を誤るとすれば、死ぬべきときに死なないことだと常朝は考えた。しかし、人間の死ぬときはいつもくるのではない。死ぬか生きるかの決断は、一生のうちについにこないかもしれない。常朝自身がそうであったように、彼が六十一歳で畳の上で死んだときに、あれほど日々心に当てた死が、ついにはこのような形で自分をおそってくることになるのを、どのような気持ちで迎えたであろうか。(⑦,41頁)

死の想念に導かれる自由

葉隠の死は病死や戦死の肉体の死ではない。人間の精神的死の思いである。絶望はやがて死の想念にいたると言われているが、武士道には絶望のような弱音はなく、力強さである。常朝は人生において、生きるか死ぬかの難しい問題は何度もあるものではないといっている。「葉隠、聞書Ⅰ、二」に、「常住死身になりて居る時は、武道に自由を得、一生落ち度なく、家職を仕果すべきなり」(⑧,23頁)と、日々、死ぬ思いで、職に励めば、思うように能力がつき、やがて自由自在に仕事をこなし、大きな問題を生ずることなく退職をむかえる。何ごとも死ぬほど一生懸命、励んでいれば、能力が向上し、成果があげられる。このことはアスリートにも当てはまるものである。

武士道の相手を思い自らを律した義の行為について、「葉隠、聞書Ⅰ、四四」に記しているが、現代語訳として、次のようにある。

> 悪をきらって正義をとおすということは、なかなかむずかしいものである。けれども、正しい条理をとおすことだけをいちばんよいことと信じ、ひたすら正義を尊ぶところに、かえって誤りの多くあらわれるものなのである。
>
> なぜなら、義とか不義とかを越えたところに、真理は存在するからなのだ。これを発見するのは、かなりむずかしいことである。それをなしとげるものは、もっともすぐれた叡智の持ち主といってよい。
>
> この点からながめれば、条理などというものはちいさなものである。自分の身に感じたときでなければ、知ることはできない。
>
> しかし、自分でそれを見いだし得なかったとしても、この道に至りつく方法はあるものである。それは、人と話し合うことだ。たとえ道をきわめ得ない人であっても、他人のことならよくわかるものである。碁でいう傍目八目ということばの

ようなものだ。「思いめぐらして非を知る」ということばがあるが、こうしをことも、話し合いにかぎるものである。話を聞いたり、書物を見たりして知るというのも、自分勝手な分別を捨てて、古人の考えにしたがうためである。(⑦,121-122頁)

お世話くださった人が入院し、この時とばかり、病気見舞いに行き、かえって、患者に応対の負担をかけてしまった。餞別を頂いた人に、海外で食肉を買い、友人宛てに国際郵便で届けた。検疫の問題があり、相手に多大な労苦を強いてしまった。ある農夫が害虫の駆除のために、農薬を使用する事は理にかなっているが、農薬を使用したことで、環境が汚染された。良かれとしたことが、結果として良くなかった場合が多々ある。仁愛や義は常に善いとは限らない。合理性のない行為は、どんな思いがあろうが非合理な行為である。宮本武蔵も道理の裏付けのある鍛錬を強調していた。

常朝は義の行使に疑念がある時には、人に尋ねてみると良いと言っている。この『葉隠』も田代陣基が常朝に尋ね、常朝の話を記録したものである。「見ざる、言わざる、聞かざる」が平穏を保つ要領とも言われるが、複雑化している現在、改めて良く観察することも必要であるが、正義を見出すのに、広く、信頼のおける専門家の意見に耳を傾けることである。「傍目八目(オカメハチモク)」は碁をしている当事者より傍観者の方が対局が良く分かることを意味している。仁愛の思いと道理(合理性)が整合していること、合理性が仁愛と地球環境保全と整合している行為が望まれている。後者の事例に、農業の生産性向上に農薬を使い、地球環境が汚染され、食物連鎖の頂点の生き物にも影響を及ぼしている。人の活動エネルギーの使いすぎ、安価なプラスチック・ゴミ等、善と合理との二元の整合が重要である。

武士道の大事なことについて、「葉隠、聞書Ⅰ、四六」に直茂公の御壁書として、次のように書かれている。

直茂公の遺訓に、「大事な思案は軽くすべし。」というのがある。石田一鼎(佐賀の儒者。山本常朝の師)は注記して、「小さな思案は重くすべし。」と述べた。大事というからにはそう多くなく、せめて二つ三つのことがらであろう。このようなことは、ふだんから考えておけばわかることである。だから、大事についてはまえもって思案しておいて、いざというときそれを思いだして、かんたんに処理する必要があるのだ。とはいうものの、逆に日ごろの覚悟がたりないと、その場にのぞんで速断することがむずかしく、うまくいかないことにもなりかねない。

だから、つれ日ごろから心を決めておくことが、「大事のことは軽くすべし。」といわれたことの基本になるものではなかろうか。(⑦,124-125頁)

大事なことは決して疎かにできない。その大事な事には必ず原因があり、この原因は小さな事のように思われるが、この小さな事を重要視して、対処するのである。すると、大事な事が軽傷ですむということで、「大事な思案は軽くすべし。」となるようにその原因に最大限に努めるのである。

幕末では、中国のアヘン戦争の情報は日本に入り、また、1853年ペリー艦隊が浦賀に来航した。幕末の最も大事なことは「日本が欧米の植民地になってしまうこと」であった。外敵を打ち払い入国させない攘夷論の長州藩に、1864年に、アメリカ合衆国、イギリス、フランス、オランダの列強四か国が武力行使した下関戦争を起こした。長州藩は敗れ、武士達は軍事力を高める必要があると軍隊(奇兵騎)の創設となった。欧米の列強から植民地化されないためには幕藩体制から近代国家の形成、そして、国家を担う人造りの教育が大事なこととなる。吉田松陰は初代首相伊藤博文、陸軍大将で後の首相山縣有朋など明治維新で活躍した人々を教育した。そして、日本は50年足らずで、近代化をし、富国強兵を推進して、最も大事な「欧米による植民地化」を避けることができた。この50年足らずの近代化は「明治維新」と呼ばれているが、この明治維新は下級武士が成したものであった。

江戸時代では、飢饉で藩の民が餓死することが、最も大事なことで、そのためには食料生産量を増やすことに勢力を尽くすことであった。二宮尊徳は新田を開拓した、天候不順を感じては、芋を植えよと農民を指導した。いざ飢饉が生じたときには、蔵米を放出して、多くの民を救った。

アスリートにとって、大事な事は大会の試合に勝つことである。このために、道理にかなった鍛錬をすることに、心がけるのである。日々の鍛錬で、大会の試合の準備万端を整えると、最も大事な当日の試合が、難なくできるというものである。

一念、一念とかさねて一生

武士は仁・義・勇のことだけを思って、生涯生き抜けば良い。「死」の意識は、人生を積極的に生きる意識を導くものである。現代人は何か一つの仕事を貫き通すことが望まれている。「一念、一念とかさねて一生」は「葉隠、聞書Ⅱ、十七」に次のように記されている。

> けっきょくのところ重要なのは、現在の一念、つまりひたすらな思いよりほかにはなにもないということである。一念、一念と積みかさねていって、つまりはそれが一生となるのである。このことに思いつきさえすれば、ほかにいそがしいこともなく、さがし求めることも必要なくなり、ただこの一念、つまり、ひたすらな思いを守って暮らすだけである。
>
> しかし、だれでもこのことを忘れて、別になにかあるようにばかり思ってさがし求めているので、このような点に気づいた人はいないのである。
>
> ところで、この一念をとおしてついには迷わぬようになるのは、多くの年月を経ないとできないことである。しかしながら、一度そうした境地にたどりつけば、つねにそうした考えをもっていなくても、もはや別のものではないのだ。この一念にきわまったことを、よくよく理解しさえすれば、混乱がすくなくなるのである。この一念にこそ、忠節が備わっているものと考えてよい。(⑦,171頁)

「一念、一念とかさねて一生」と生きた模範は人間国宝の人々で日本の伝統芸能者、日本の工芸技能者などの人手ある。人間国宝は日本の伝統文化の継承の義を担う制度である。今日、多岐に渡る職能のどれかを、自ら選び就き、1年やり遂げれば、次の1年も続けられ、3年目には仕事に慣れ、10年も続ければ、専門家として、おお手を振って歩けるようになる。ある仕事に就いて、また職種を代えては、振り出しに戻って、迷い道に入ってしまう。趣味に生きたいと思うかもしれないが、それで生活できれば望ましいが、生業の職能を一念とする。退職(隠居)となった時に、これで趣味に専念できると思い、生業に専念すると良い。一生かけて築きあげた経験知は、死後でも後任者の先験的知識となる。

山本常朝も、鎌倉時代に武士社会が形成し、爾来、先達の武士の先験的精神を受容して、『葉隠』武士道を語った。

修行の道に段階はあるが、終りはない

アスリートは試合に勝つことが大事である。このため鍛錬するメニーはたくさんあり、その方法もたくさんある。小さなことである、訓練のメニーをたくさんこなし、一生懸命に鍛錬することが大事な事に繋がるのである。この実例として、1964年東京オリンピックの日本女子バレーをあげることができる。小さな事の重視、積み重ねは、大事な試合にストレートで勝てる叡智である。

剣術の修行について、ある老剣士が次のように言っている。

> 「一生のあいだの修業には、順序というものがあるのだ。下の位は、修業をしてもものにならず、自分も下手と思い、人も下手と思うものである。いうまでもなく、こういう状態ではものの役に立つはずはない。中の位は、まだ役には立たないけれども、自分のたりない点が目につき、人の欠点もわかるもののことをいう。上の位はどうかというと、すべてを自分自身のものに消化して、自慢ができ、人がほめるのをよろこび、他人のたりない点を嘆くことのできるものである。これは、役立つものといえよう。上の上といえる人は、表面に出さず、知らないふりをしているものである。それでいて人も上手と思うようになる。まあ、ふつうの場合、多くはここまでである。
>
> この上に、いっそう超越した至極の境地といったものがある。その道にふかくはいれば、終わりのないことに気づき、これで満足だということにはならない。
>
> だから、自分のたりない点をよく知って、一生のあいだ、これでじゅうぶんだなどと考えることもなく、もちろん慢心もなく、といって卑下する心もなく、そのようにして過ごすべきである。
>
> 柳生殿(徳川将軍家剣道ご指南役)が、*「人に勝つ法など知らぬ。自分に勝つ法だけを知っているのだ。」*といわれたそうである。きのうよりは上達した、きょうよりはさらに上達した、といって、一生のあいだ日々仕上げていくものなのである。修業とは、このように終わりのないものといえよう。」と。(⑦,123-124頁)

剣術の修行者と同様に、職能にも、学究者にも下位、中位、上位がある。剣術の修行は宮本武蔵の教えにあった。会社の中には業務をする人、業務者を管理する人、そして組織の舵取りをする経営者がいる。学究者の下位の者は学生である。成績が学校で優秀であった者が、必ずしも社会で活躍するとは限らない。学んだ専門を生かした職業に就くと、教科書のようには、物事は進まないと気づき、多少の仕事をこなせると中位の者となる。そして、「自分の足りない点が目につき、人の欠点もわかる」ことが肝要である。自分の足りないものを習得し、人の失敗ごとも、直す方途を見出す気配りをする。中位の者はこの日々の努力が実践力を養い、上位の人に相応しくなるのである。中位のときに、少しばかりできて、驕ってしまうと、怠け者になってしまう。発明王と言われ、起業家であったトーマス・エジソンの格言に「天才とは、1%のひらめきと99%の努力である」とある。自分に勝つ方法は努力であり、仕事で成果を上げても、決して出来る振りをしないが、頼りにされる上位に値する人になる。常朝はこの上位を越えた人についても語っている。

剣道の上達者であっても、宮本武蔵のような超人を知れば、剣道に終わりのないことを知る。研究者も専門知識を調べ尽くすと、暗黙知の広大な領野が観え、研究を止めるわけには行かなくなる。上には上があるものである。

言葉から行動へ

「葉隠、聞書Ⅰ、一一八」の現代語訳「武士は万事に心を付け、少しにても後れになる事を嫌ふべきなり。就中物言ひに不吟味なれば、『我は臆病なり。その時は逃げ申すべし、おそろしき、痛い。』などといふことあり。ざれにも、たはぶれにも、寝言にも、たは言にも、いふまじき詞なり。心ある者の聞いては、心の奥おしはからるるものなり。兼て吟味して置くべき事なり。」(⑦、66頁)について、三島は「言行が心を変える」と題して、次のように述べている。

> われわれ近代人の誤解は、まず心があり、良心があり、思想があり、観念があって、それがわれわれの言行にあらわれると考えていることである。また言行にあらわれなくても、心があり、良心があり、思想があり、観念があると疑わないことである。しかし、ギリシャ人のように目に見えるものしか信じない民族にとっては、目に見えない心というものは何ものでもない。そしてまた、心というあいまいなものをあやつるのに、何が心を育て、変えていくかということは、人間の外面にあらわれた行動とことばでもって占うほかはない。「葉隠」はここに目をつけている。そしてことばの端々にも、もし臆病に類する表現があれば、彼の心も臆病になり、人から臆病と見られることは、彼が臆病になることであり、そして、ほんの小さな言行の瑕瑾(カキン)が、彼自身の思想を崩壊させてしまうことを警告している。そしてある場合、これは人間にとって手痛い真実なのである。われわれは、もし自分の内心があると信ずるならば、その内心を守るために言行のはしばしにまで気をつけなければならない。それと同時に、言行のはしばしに気をつけることによって、かつてなかった内心の情熱、かつて自分には備わっていると思われなかった新しい内心の果実が、思いがけず豊富に実ってくることもあるのである。(⑦,65-66頁)

人間の心は精神とも言われている。精神(良心、思想)の現れが意志に基づく行為である。行為は、他者も視覚で掴むことができる。行動なくして、心の思いだけに止まっていることもある。三島が「心とはあいまいなもの」と指摘したごとく、精神の語源は目には定かに見えない空気である。人の行動も観る人により、それぞれ言葉で表現することができる。人間の思いを言葉に、その言葉に従って行動をすれば、自覚ある行動と言えるだろう。有言実行は称賛され、口先だけで行動のともなわない人はさげすまされる。葉隠は、言葉は行動に関わり、武士は勇気を損なわない、言葉遣いを求めている。「できない、無理だ→諦めない、なせばなる」、「相手に負けるかも→当たって砕けよう」、「論語は分からない→とにかく暗記、将来分かる」と前向きな言葉に代え、気持ちを前向きにする。

言行は関係深いが、精神の気概が薄らいでしまうかもしれない。この対策に、「努力」「目指せ初段」とかを書いて、壁に貼っておく。この言葉を見て、行動していることにより、目標が実現される。または、能力が高まって行くものである。一角の人になった人は「座右の銘」「私の信条」などをもって、豊かな人格を形成している。

3-3.葉隠・愛の哲学

武士道の忠義について、三島は「恋愛哲学」としている。そして、次のように記述している。

> 第二に「葉隠」は、また恋愛哲学である。恋愛という観念については、日本人は特殊な伝統を経、特殊な恋愛観念を育ててきた。日本には恋はあったが愛はなかった。…
> いまや、戦前的天皇制は崩壊したが、日本人の精神構造の中にある恋愛観念は、かならずしも崩壊しているとはいえない。それは、もっとも官能的な誠実さから発したものが、自分の命を捨ててもつくすべき理想に一直線につながるという確信である。
> 「葉隠」の恋愛哲学はここに基礎を置き、当時女色よりも高尚であり、精神的であると見なされた男色を例に引いて、人間の恋のもっとも真実で、もっとも激しいものが、そのまま主君に対する忠義に転化されると考えている。(⑦,36-38頁)

三島は日本人の恋愛は官能的で、死して、未来へつなげるのが基本とみた。江戸時代からの歌舞伎は、女色を廃して高尚な舞台芸術にした。戦国時代にあっては、最も崇高な愛が主君に対する忠義となり、死しても城下の存続を願った。

新渡戸稲造が法学者からキリスト教が人々の道徳を涵養しているとの問いに、後年、日本の'BUSHIDO'を書いた。キリスト教の「汝の隣人を愛せよ」は武士道にも見出す事ができる。1890年、オスマン帝国のエルトゥールル号が和歌山県沖で遭難したとき、587名が犠牲になり、69名を救助し、日本海軍がトルコのコンスタンチノープルまで送り届けた。このことは、遠い国の隣人への仁愛であった。この隣人愛の出来事が、今日までも、トルコ国と日本国との友好を維持している。

1942年、駆逐艦「雷(ｲｶﾂﾞﾁ)」艦長・工藤俊作は、スラバヤ沖海戦で撃沈されたイギリス軍艦の漂流乗組員422名の救助を命じ実行させた。そして、救助したイギリス兵をゲストとして迎え、停泊していたオランダ海軍の病院船に引き渡した。工藤はこの救助を生前に語らなかった。2003年、サムエル・フォホル(84歳)が工藤に礼を言いたくて訪日した。フォール卿は工藤俊作が指揮する駆逐艦「雷」に救助された人であったが、1987年にアメリカ海軍の機関誌『プロシーディングス』の新年号に「武士道（Chivalry）」と題する工藤艦長を讃えた7ページにわたる投稿文を掲載した。1998年にも「雷」の敵兵救助をタイムズ紙に投稿して「友軍以上の丁重な処遇を受けた」と強調した。

かくして、この救出の出来事が明るみとなった。戦いに敗れた敵兵への救助に対して、工藤艦長は戦後も一切語ることをしなかった。それは無条件の愛であり、武士道の敗者への仁愛であり、感謝さえも無用である。工藤艦長は救助した兵へ「敵とて人間。弱っている敵を助けずしてフェアな戦いはできない。それが武士道である」と語った。

3-4.葉隠・生きた哲学

死は生の源

『葉隠』にある「武士道といふは、死ぬ事と見付けたり」語句は、人間の生きる契機の語句である。三島由紀夫は次のように述べている。

> 第三、生きた哲学。「葉隠」は一つの厳密な論理体系ではない。第一巻、第二巻の常朝の言行の部分を見ても、あらゆるところに矛盾衝突があり、一つの教えがまた別の教えでくつがえされていると見ることができる。根本的には「武士道といふは、死ぬ事と見付けたり」という「葉隠」のもっとも有名なことばは、そのす

ぐ裏に、次のような一句を裏打ちとしているのである。

「人間一生誠にわずかの事なり。好いた事をして暮すべきなり。夢の間の世の中に、すかぬ事ばかりして苦を見て暮すは愚なることなり。この事は、悪しく聞いては害になる事故、若き衆などへ終に語らぬ奥の手なり。」(聞書二 182頁)と言っている。すなわち「武士道といふは、死ぬ事と見付けたり」は第一段階であり、「人間一生誠にわずかの事なり。好いた事をして暮すべきなり。」という理念は、その裏であると同時に奥義であり、第二段階なのである。「葉隠」は、ここで死と生とを楯の両面に持った生ける哲学としての面を明らかにしている。(⑦,38頁)

葉隠・武士道には「死」のみを論じていないことを、三島は見出した。物事には多面性がある。生まれたならば、必ず死ぬ。日が昇れば、必ず沈む。武士道の心得がある者がいれば、無い者もいる。宮本武蔵の『五倫書』の五巻は「空の巻」であった。空(クウ)とも空(ソラ)ともとれるが、後者の空には、雲が湧いては消えてゆく。アスリートである人も晩年に至るまでに、まず、学校に入学があり、卒業があり、競技スポーツをしていた時期があり、アスリートとなり、やがて現役を引退し、職業に就き、その職も退職する。初めがあれば、終わりがある。丁度それらは、雲が湧あがっては消えてゆく、雲のようである。どの時期においても、もう少し努力をして、すがすがしい青空を仰ぎたかったと後悔の念がわく。間違いなく、どの人にも必ず「死」が訪れる。アスリートの現役時期に、将来の隠居や死を意識すれば、後悔しないように、精一杯競技スポーツに励もうとする。自分の死を意識することは、「未来を見据えて、今をいかに生きか」を日々積み重ねようと思うのである。死の意識は力強い生き方の源である。

『葉隠』聞書Ⅰ、42に「幻はマボロシと訓(ヨ)むなり。天竺にては術師の事を幻出師と云う。世界は皆からくり人形なり。幻の字を用いるなり。」とある。三島は次のように解釈している。

常朝は、たびたびこの世をからくりであると言い、人間をからくり人形であると言っている。彼の心底には深い透徹した、しかし男らしいニヒリズムがあった。彼は現世の直下に、現世の一瞬一瞬に生の意味を求めながらも、現世自体を夢の世と感じた。(⑦,47-48頁)

フランスの画家ジョルジュ・ルオー(1871- 1958)は、納得のいかない作品を決して世に出さない画家であった。晩年の画風はピエロ(道化師)であった。ルオーは未完成な作品300点以上を焼却した。それが彼の芸術家としての良心の表明で、絵画自体は暗いが、ピエロの絵を観ると、筆者には「人生は道化師の振舞をしている。死後に本当の自分を残すように生きなさい。私が人間の生き方を絵に込めたように。」との囁きが聞こえる。

羽柴秀吉も最後に自分の人生を振り返って「夢の又夢」と云ったと伝えられている。天下布武の織田信長、羽柴秀吉、徳川家康の三傑は、この世から人を殺し合う戦争をなくすという志に生きた人物であった。

吉田松陰は辞世の句として「身はたとい　武蔵の野辺に　朽ちぬとも　留め置かまし　大和魂」と詠んだ。聖書に「一粒の麦もし地に落ちて死なずば、ただ一つにてあらん、死なば多くの実を結ぶべし」とあるように、松下村塾の門下生達は、松陰の処刑後に、松陰の志[注1]を汲み明治維新を遂行した。明治維新の立役者達の評価は、彼らの師・吉田松陰の評価を高めた。人の人生の評価は、その人の生前の生き様が、後の歴史によってなされるものである。

死ぬのが益し

『葉隠』聞書Ⅰ、48に、次のように書いてある。

> 志田吉之助(竜造寺家の功臣)が、「生きても死んでも残らないものなら、生きたほうがよい。」といった，志田はしたかな者で戯れにいったことを、若い者どもが聞きちがって、武士のなおれになるようなことをもうしたなどと思ったものだ。この追い書きに、「食うか食うまいかと思うものは、食わないほうがよい。死のうか生きようかと思うときは、死んだほうがよい。」とある。(⑦,125-126頁)

三島もこの段落に「死のうか生きようかと思うときは、死んだほうがよい」と書いている。「死のうか生きようか」という今日の状況では、一生のうち、あるかないかである[注2]。「食うか食うまいか」と思う状況はしばしば出くわしてしまう。

生計のために、勤めている会社で、長時間勤務させられ、疲労困ぱいしてしまったなら、その会社によって食わしてもらうより、会社を辞めてしまった方が益しである。次の職場で、一所懸命に働くと同時に、職能を必死に高め、仕事能力をつけていけば、職能に見合った経済力が付くものである。

死ぬつもりの決意が、より良い状況を生み出す含意である。死ぬ覚悟で物事に対処すれば、生きる道が開けるものである。

死ぬ気でやること

『葉隠』聞書Ⅰ、55に次のように書いてある。

> ある人が喧嘩の仕返しをしないために恥をかいたことがある。仕返しの方法といったものは・踏み込んで斬り殺されるまでやることに尽きる。ここまでやれば恥にはならない。うまくやりとげようと思うから、かえって間に合わないことになるのだ。
>
> むこうはおおぜいだからこれはとてもたいへんなことだ、などといっているうちに時間がえってしまい、ついに終わりにしてしまう相談にでもなるのが落ちだ。たとえ相手がなん千人いたとしても、片っぱしからなで斬りにしようと決心して立ちむかうことで、ことの決着がつく。それでたぶんうまくいくものだ。また、浅野家の浪人たちの夜襲にしても、泉岳寺で腹を切らなかったことがそもそも失敗だといえる。主人がやられたのに、敵を討ちとることがのびのびとなっていたが、もしそのうちに吉良殿が病死でもされてしまったら、まったくもって、とりかえしのつかないことになる。
>
> 多くの場合、このような批判はしないものだが、これも武士道の研究なので申し述べるのだ。(⑦,128-129頁)

仕返しの方法はぐずぐずしないで、相手が死なないうちに、勝ち負けは考えずに、死を覚悟しておこなうものである。赤穂浪士の事件について、常朝は、大石内蔵助の吉良上野邸への討ち入りは遅かった。また、討ち入り後に、泉岳寺で主君の墓前に報告後、直ちに切腹すべきだったと、武士道から指摘している。

内蔵助は即座に主君への忠義の行動を取らなかったが、義士達は本懐後に切腹を決めていた。史実では、大石内蔵助ら47士は、本懐を果たし、泉岳寺で主君・浅野内匠頭の墓前で報告をした後、住持に切腹すると伝えたが、住持から「切腹はいつでもできるから、待ってくれ」と言われ、幕府のご沙汰で切腹が命ぜられた。この討ち入り事件は、私闘を禁じられた太平の世であったが、古き武士道(忠君)の美談として、歌舞伎の演目となった。

常朝の時代の人の寿命が50年とすれば、真剣に生きる期間は15年間であったであろう。常朝は「いつも十五年先を考えなくてはならない。十五年過ぎてやっとご用に立つのであって、十五年などは夢の間だ」(⑦、38頁)と書いている。この必死に生きる15年間について、三島は次のように述べている。

この人生がいつも死に直面し、一瞬一瞬にしか真実がないとすれば、時の経過というものは、重んずるに足りないのである。重んずるに足りないからこそ、その夢のような十五年間を毎日毎日これが最後と思って生きていくうちには、何ものかが蓄積されて、一瞬一瞬、一日一日の過去の蓄積が、もののご用に立つときがくるのである。これが「葉隠」の説いている生の哲学の根本理念である。(⑦,39頁)

アスリートが競技スポーツを志して10~15年間、必死に努力を重ねたならば、素質があるだけの人より、努力している者には叶わないとなるものである。ただ漫然と努力しているだけでは能力は高まらない。正しい鍛錬の探求が必要となる。

死なない環境づくり

この項は新渡戸稲造的な「人の命を救うことを命がけでおこなう」武士道の体現者・中村哲の行動である。国家間、国内で、最も大事なのは殺し合いの戦争を無くすことである。医師の中村哲はアフガニスタンの僻地の病院に赴き、「死にかけた子ども達を抱いた若い母親が診療所にくる姿が目立って増えた。干魃の犠牲者の多くが幼児であった。'餓死'とは空腹で死ぬのではない。食べ物不足で栄養失調になり、抵抗力が落ちる。そこに汚水を口にして下痢症などの腸管感染症にかかり、簡単に落命するのである。」(⑦、84頁)と悟った。この地では綺麗な飲み水がないので、命を落としている。中村哲は井戸掘りを決意し、行動に移した。涸れた古い井戸はさらに、水が出るまで掘り進めた。障害物として、岩があったが、砲弾の火薬で岩を砕いた。かくして、命を繋ぐ飲料水を確保した。

干魃の進行で、住民は流民となり大都市を目指した。中村哲は「農村の回復なくしてアフガニスタンの再生なし」の決意で、用水路の建設に着手した。土木の経験も知識もない、用水路の建設方法もしらない。用水路の構築物にはコンクリートの打ち方、鉄筋組の仕方など習った。用水路の設計には測量が必要、取水の堰には水量の調整機能が必要、堰には古くからの日本の堰を研究した。用水路の完成後には荒野が農地で緑化した。農村の復元が大事なこととすれば、用水路を掘り進めることが小さなことである。土木の知識をもって、用水路を掘り進めることに尽力しなければ、その完成にはいたらない。苦労の末、用水路で灌漑をし、砂漠は農地の緑地となった。そして、元の住民がこの地へ戻って、「これで、ここで生きて行くことができる」と言っていた。

3-5.葉隠・知見

『葉隠』聞書Ⅱ、90には「貪瞋痴(ﾄﾝｼﾞﾝﾁ)と、よく選びわけたるものである。世の中の悪いことが生じた時、実例をみると、この三語句にすべて関係してしまう。良いことの事例をみると、智・仁・勇にもれることはない」と。『葉隠』の武士道は**図表3-1**のように変貌している。常朝は佐賀藩の武士で主に御書役に任じられていた。次に、城内のそして今日では組織内の生き方の知見と、武士としての修行の知見を紹介する。

図表3-1 常朝の武士道

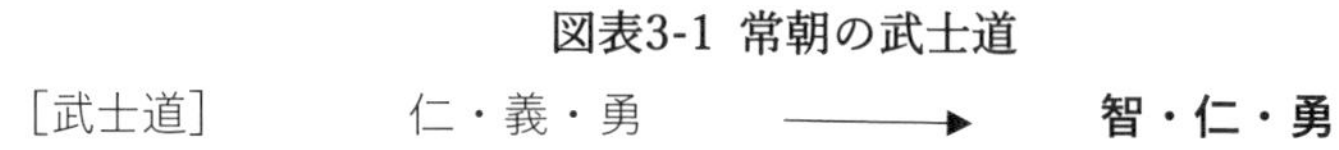

3-5.1.組織での生き方

自分の定見をもたぬこと

『葉隠』Ⅰ、59に、自分の考えを持たない事について、次のように書いてある。世の中の物事は進歩発展している。

> きまった、固定的な考えをもつことがわるいのである。精進して定見などできると、もうそれで終わったと早合点してしまうからだめなのだ。精進に精進をかさねて、まず基本的なことだけはしっかり自分のものとし、やがてそれが成熟するように心がけて修行することである。とにかく修行は一生やめてはいけない。自分で見いだしたぐらいのものをもって、これでもうよいと思うことなど、とんでもない話だ。あれもこれもまだまだと思って、どうしたら真実を発見できるだろうかと、一生それをさがし求め、心から修行すべきなのである。こうした修行のうちにこそ、つまりは真の道理といったものが見いだされるのである。(⑦,130頁)

通常は自分の考えをもちなさいと言う。これは初心者が何も分からない時は自分の考えをとりあえず持ってみること。物事に対する考えがないと、会話が成り立たない。「自分の定見をもたぬこと」とは、物事は変化し、発展しているので、自分の考えにこだわることなく、他の良い考えを探求すし、さらに、誰も知らない考えを探求するには「自分の定見をもたぬこと」である。この言葉はかなり知的水準の高い見地からの言葉である。ノーベル物理学賞は、世界中の論文を読みあさって、その内容を論じても、その文献研究に授与されることはない。この賞は、誰もが未知であり、学問の発展に寄与した知見を開陳した人に与えられる。武道の修行も終着点はない、武士道は歩みつづけ、高見を目指すのみである。

利口さを顔に出す者は成功しない

『葉隠』Ｉ、108に、次のように記されている。

> 姿格好をただす修業は、ふだん鏡を見て直すのがよい。私は十三歳の時に髪を立てたが、一年ばかり家に引きこもっていた。なぜかというと、かねがね一門の人が、「あの子は利口そうな顔をしているので、やがては失敗してしまうだろう。殿様がとりわけておきらいなさるのは、利口そうな様子をした者である。」といっていたので、顔つきを直そうと思いたって、つね日ごろ鏡を見て直し、一年過ぎて出むいていったときは、なんだか病人みたいだ、とみんなが言ったものだが、これがつまりはご奉公の基本だと思った。
>
> 利口さを顔に出す者は、何かと信用されにくいものである。落ちつきはらい、しゃんとしたところがなくては、姿格好がよいとはいえないのである。うやうやしく、にがみがあって、調子の静かなのがいちばんだ。(⑦,146頁)

この文章は常朝が城勤めを希望したとき、殿様との面談に臨んだ準備の話である。殿様の人の目利きも鋭いものである。利口そうな顔立ち、器量よしの顔立ち、これらの子どもは周りの人たちから、おだてられ、甘やかされて育ってきたので、仕事力に欠けて、育ってしまうのである。就職時について、常朝は落ち着きがあり、しっかりしていて、人生の深淵に触れているきびしさ(にがみ)があり、穏やかな口調のある人が良いと考えていた。

『葉隠』Ｉ、89には、就職の面談に役立つ知識として、日々鏡をみて姿を直す。口上の稽古を自宅でする。手紙は、先方の掛け物になるように書くと書いてある。今日では手紙の代わりに、エントリーシートや適正試験(SPI)への事前準備が必要である。お辞儀をする挨拶も、一夜漬けではぎこちないものである。常朝が就職準備に1年かけたが、就職するにも準備期間を要する。

どんな人間にも学ぶべき点がある

『葉隠』Ⅰ、64に、次のように書いてある。

> 儒者石田一鼎(ｲｯﾃｲ)のいうところによれば、習字をするさい、よい手本に似せていっしょうけんめいに練習すれば、悪筆家もいちおう見られる文字が書けるようになるということだ。
>
> 奉公人にしても、よい奉公人を手本にするなら、まあまあのところまでいくだろう。ちかごろは、奉公人のよい手本になるような者がないので、やむを得ず自分から手本をつくって練習するのがよかろう。つくり方は、礼儀作法一式はだれ、勇気はだれ、ものの言い方はだれ、品行の正しいのはだれ、律儀な人はだれ、いちはやく度胸を定めるのはだれ、といったぐあいに多くの人のなかから、それぞれの長所や特徴をえらんで学びとるようにすれば、結果として、よい手本ができようというものだ。
>
> すべての芸ごとにおいても、先生のよいところは学びにくく、わるいくせなどばかり弟子はひきついでまねをしがちだが、いうまでもなく、こうしたことはなんの役にも立たないのである。礼儀は正しいが、律儀でない人がいる。これを見習う場合、とかく礼儀のほうはさしおいて、律儀でない点だけをまねしがちのものである。他人のよい点に気がつくようになれば、だれしもよい手本、りっぱな先生となることだろう。(⑦,124-125頁)

スポーツの部員となったなら、各部員のそれぞれ良い技巧の持ち主を見つけて見習う。職場にあっては、各職員のそれぞれ良い能力を見つけて、その特技を身につける。このように他人よい点を手本にすれば一人前になれる。

今日、学校制度があるので、様々な先生から物事を学ぶ。それぞれの先生から、それぞれの教え方の上手な指導法を記憶しておこう。職場で管理者になり、過去に教えられた指導方法が役に立つ。また、スポーツの指導者になった場合でも、良い指導者となる。

翌日のことは、前の晩から考えておくこと

『葉隠』Ⅰ、18に、次のように記されている。

> 翌日のことは、いつもまえの晩から考えて書き付けておくがよい。これも、万事人に先んじて予定を立てておくべき心得である。
>
> 殿は、どこかへお出かけなされる折りは、前夜から先方のことをすべて調べ、挨拶や対話の内容を思案しておかれた。あなた方もこれを見習うべきで、どこへお

伴を申しつけられても、あるいはお話をうかがいにまいるときでも、まず先方の主人のことをよく考えて行くのがよい。これが、つまりは人の和をはかる道であり、また礼儀でもある。

あるいは高貴な人からよばれたとき、いやなことだと思って行ったりしては、座をとりもつことなどできはしない。なんともありがたい、さぞおもしろいこともあるだろうと思い込んで行くがよい。

とにかく、すべて用事のほかは、よばれないところに行かないほうがよい。招待されたら、まあ、なんとよいお客様ぶりだと思われるようにできないようでは、客に行ったとはいえない。いずれにしても、その座の様子を、まえもって知って行くことがたいせつである。それには、酒の作法などがまずは第一番である。席の立ち方もたいへんなもので、飽きられることもなく、といって、早く帰ってしまうようなこともないようにしたい。また平生、ご馳走にあうとき、あまり遠慮しすぎるのもかえってわるいことである。一、二度遠慮をして、そのうえはご馳走になるのがよい。ふと行きあわせて引きとめられたときの心得も、このようにするのがよい。

(⑦,113-114頁)

常朝の藩主・鍋島光茂は翌日の予定の準備を前日にしていた。常朝も見習わずにはいられない。今日でも、明日の準備を前日にしておかないと、朝は身支度があり、電車に乗り遅れまいとして、急ぐと忘れ物を良くするものである。初めて会う人には、前日までに、人となりを調べておくと良い。世の成功者は処世訓というものを心得ている。調べないと、その話を聞く機会を失うこととなる。会食時の話題なども、あれこれ話題を考えておくと良い。会食のたかりなどは考えない方がよい。くれぐれも、明日の準備を欠いてはならない。

若いうちは苦労があったほうがいい

『葉隠』II、1に、次のように記されている。

「奉公人にとって、やってはいけないことはなんでしょうか。」と聞いたところが、つぎのような答えがあった。「大酒、自慢、ぜいたくであろう。不運のときはいっこうにかまわない。すこし幸運だったりすると、以上の三つの項目は命とりになりがちだ。

他人の身の上をみなさい。ちょっとうまく行っていると、しだいに調子づいて、自慢、ぜいたくがちとなって、まったく見苦しいかぎりである。だから、人は苦しいめにあった者でなかったら、根性がすわらないもので、若いうちは、とかく苦労の多いほうがいい。だいたい、苦労が多く不運のとき、疲れてしまうような人間は、役に立つものではないからだ。」(⑦,165-167頁)

芸能界の子役でチヤホヤされたりすると、大人になる頃には落ちぶれてしまったりする。幸運はかえって、人を不幸にする。人生は苦あって楽ありである。後楽とは良く言ったものである。生計をたてるのに、職を目指すならば、その職の技能や職の専門知識を身につける修業時代があるものである。ある分野で秀でた人には、若いときの苦労話があるものである。アスリートともなれば、根性を据えて練習した経験があるものである。優勝は苦労を重ねた後に獲得できるものである。人生「七転び八起き」、苦労を喜びに転化するので、最終的には起きた状態で終わる。優勝すると、苦労が喜びとなったと実感する。優勝を目標にすえることで、練習の先の喜びを見据えることができるので、練習の苦が、苦にならないものとなる。

クビ切り覚悟でぶち当たれ

『葉隠』II、24に、次のように書かれている。

先生が、養子権之丞殿に話されたことである。

昨今の若者は、とにかく女性的になってしまったらしい。性格のよい人、愛想のいい人、角の立たない人、ものやわらかな感じの人などを、よい人と噂し合う時代になってしまったから、すべてにわたって消極的で、思い切ったことができかねるのだ。

第一は、ただ保身ばかりを考えるから、精神が萎縮してしまう。おまえだって、自分でかちとった俸禄ではなく、親の苦労によって得たもの、養子にきて駄目にしたのでは申しわけないと思うだろうが、それは世上とおりいっぺんの考えなのだ。

私の考えはまた別である。奉公しているあいだは、身上のことなど考えもしなかった。はじめから俸禄などというものは主人のものであれば、大事がり惜しむべき性質のものではない。むしろ生きているうちに、浪人し切腹させられるようなことがあれば、かえってのぞむところである。奉公人の終着点は、この二つのことに決まっている。

ただし、つまらないことで家を崩すのは残念なことである。たとえば、人におくれをとったり、奉公人としてゆきとどかなかったり、私欲から失敗したり、人に迷惑をかけたりすることがあってはならぬ。そのほかのことでは、崩れ去るのはかえって本望と思うべきである。このように決心すると、すべてに気力充実し、はつ

らつとして働けるものである。(⑦,189-190頁)

江戸時代の武士は政治行政の機能を演じていた。武田信玄の治水事業は信玄提として知られている。上杉鷹山は藩財政の再建、殖産興業で民の生活を向上した。お抱え武士は事なかれ主義で、保身を考え、仕事をする気力が消え失せている。

役職の地位向上など考えない、仕事に失敗し責任を取らされ、クビになっても良いという覚悟をもって、務める。これが武士道の特性である勇者の城勤めである。

3-5.2.修行の在り方

子どもの育て方

『葉隠』Ⅰ、85に、次のように記されている。

武士の子どもを育てるためには、一定の方式がある。まず、幼少のころから勇気を鼓舞し、仮りにも、おどしたり、だましたりすることなどあってはならない。たとえちいさいころであっても・臆病心のあるのは一生の疵となるものである。親たちの不注意から、雷の音におじけづかせたり、暗がりなどへは行かせないようにし、泣きやまそうと思って、こわがることを話して聞かせたりするのはいけないことだ。また、ちいさいころりよく叱ったりすると、内気な人間になってしまう。とにかく、わるいくせが身にそまらないようにしなければならない。いったんそまってしまうと、意見をしても直りはしない。ものの言い方や礼儀など、しだいに気づくようにさせ、欲を知らぬようにさせたい。そのほかは育て方で、だいたいふつうの生まれつきの者なら、なんとかいくだろう。

また、夫婦仲のわるいものの子は不孝だというが、もっともなことだ。鳥獣でさえ、生まれおちてより、見聞きするものに染まるものだから、環境にはよく注意しなければならない。

また、母親が愚かなため、父と子の仲がわるくなることがある。母親は子どもを溺愛し、父親が意見をすると、子どものひいきをして、子どもとしめし合わせたりするものだから、その子はさらに父親と仲がわるくなってしまうのだ。女のあさはかな気持ちから、将来のことを打算して、子どもとしめし合わせる結果になってしまうのだろう。(⑦,140-141頁)

鳥の雛は生まれた時にいた動物を親と思ってしまう。人間が卵からふ化させたならば、その人間を親と思ってしまう。幼児の純粋経験は、「三つ子の魂、100までも」と言われるように、この時期は武士の卵として重要である。勇気ある人に育てるために、臆病心を増幅させないことである。常朝は子どもをいつも叱っていると、内気な人間になるとの経験知を語っている。本当に子どもが悪いことをしたときは叱るが、そのときは子どもも悪いことをして、叱られるのが当然と思っている。子どもに悪い癖が付いてしまうと、直すのが難儀となる。物の言い方礼儀といった社会性は親を手本とするので、親が範を示すことが望まれる。子どもをそだてるのは父と母である。親が子に無関心でもよくないし、多くを子に期待しすぎるのも、問題児となってしまう。その子にあった子育てを見つけることは一つ縄ではいかないが、幼児期は大事な時期である。親の貪瞋痴は親子の悪循環となる。子への理解不足が、親の思い通りに運ばないので怒りとなり、子供の成長支援への怠惰となる。子は親を自分の親として受け入れているのに、親は我が子への仁愛を欠いてはならない。

相手を乗り越えた気持ちでいること

『葉隠』Ⅰ、83に、次のように書いてある。

> 中庸ということは、人間にとってたしかに行きついた境地だけれども、武芸に関しては、中庸などといった構え方をせず、ふだんでも人をのり越えたような気持ちになっていなくてはつとまらないものである。
>
> 弓の指導に、左右平らなかねを使うが、右高にとかくなりたがるから、右を低目にして射るとき、平らなかねにぴたりと当たるのである。
>
> 戦いのさなかなどで、武勲ある人よりいちだんとりっぱな働きをしようと考え、どうしても強敵を討ちとろうと昼夜の区別なく思案すれば、勇猛果敢、つかれることもなく武勇をあらわすのだ、ということ、老勇士の物語である。ふだんでも、こうした心得はもたなければならない。(⑦,138頁)

勇気も臆病と無鉄砲の間の中庸であり、人間は大部分は人並みで良いのであるが、自ら目指すもの(武士)においては相手より上という気持ちを、寝ても覚めてももっているものである。アスリートが「あの選手より超えよう」と励むならば、間違いなく上達する。これは仕事でも、研究にも言えることである。そして、専門としない一般事項では、極端にならない、中庸が必要なのである。繊細なスポーツの中には、中庸を見出すものもある。弓道などは、初心者は標的まで届かない、上級者でも矢が的の中心に向かわせるのは至難の加減調整を必要としている。テニスも、初心者はネットを超えることを念頭に、ラケットで打ち返す。慣れてきて、強く打ち返すと、ベースラインを超えて、アウトとなってしまう。アスリートの試合を目指すには、中庸を身につけた次の段階に、負けたときには悔しく思い、練習でも競争相手に負けてはならないという意気込みが必要である。

勝つとは、自分に勝つことだ

聞書Ⅶ、1に、次のように記されている。

> 成富兵庫という人が、つぎのようなことをいっていた。
>
> 「勝つということは、すなわち味方に勝つことである。味方に勝つというのは、われに勝つことである。われに勝つというのは、自分の気力をもってものごとを処理すること、(つまり、強烈な意志力で自分をとりまく不利な条件を有利に変えていくこと) である。
>
> つね日ごろ、味方数万の侍のなかに自分につづくものがないほどに、自分の心身をきたえておかないと、敵に勝つことはできない。」と。(⑦,200頁)

敵に勝つには、味方の中でダントツに強くなければならない。そのため、強烈な意志でもって、対戦時の不利な状況を打破する技量を積み重ねる必要があるので、至らない自分(技量のHow toが分からないこと、怠惰であること)が敵である。

刀は納めてばかりいると、さびがつく

『葉隠』聞書Ⅱ、120に、次のように記されている。

> ある人のいうには、「意地は内にあるものと、外にあるものと二種類ある。だから、外にも内にもないものは役に立たない。たとえば、意地とは刀の抜き身のようなもので、よく研ぎだして鞘におさめておいて、たまには抜いて眉のたかさにさし上げ、拭いて納めておくのがよい。
>
> 反対に、外にばかり出しておいて、白刃をしょっちゅう振りまわしている者には人は近寄らず、仲間がいない。
>
> ところが、内にばかり納めておくと錆がつき、刃も駄目になって、人が馬鹿にするものである。」と。(⑦,191-192頁)

刀を研いでは鞘におさめているのは、今日では自己中心になっている人と言えるだろう。皆が準備体操をしているのに、自分一人で、よりきついスクワットをしている。
刀を抜き、振り回しているのは、決まりかけた議論に、ぶち壊す発言をする。「よく研ぎだして鞘におさめておいて、たまには抜いて」とは、習得した幾多の技も、たまにはさらわないと、いざというときにできなくなってしまうことである。自己の技を極める意地、競争相手に勝ってやろうという意地、これらは良い意地である。議論をぶち壊すのは、皆と協調性のない悪い意地である。

小 括

宮本武蔵の武士道は武芸者のもので、如何に武人として偉大になるかが課題であった。武士階級の武士道は戦いあっての存在であったが、室町時代になり、文武両道の武士は室町文化を醸成した。応仁の乱よりの戦国時代には勇猛な武士が武士の極みとなった。安土桃山時代よりは統治力のある武士が生まれた。江戸時代になり、太平の世の中の武士道は精神力を伴う、武士道人格を陶冶するものとなった。この典型は知行合一の葉隠・武士道である。平家と源氏の武士団より、武士道は引き継がれ、崇高で奥深い武士道精神である葉隠・武士道へと発展した。葉隠・武士道の「武士道というは、死ぬ事と見つけたり」は、決して危険な思いではなく、普遍性を有する現代哲学の想念である。哲学としての武士道は次章で扱うこととする。

注

注1 川口雅昭訳注、吉田松陰『武教全書講録』、K&Kプレス、2017年。吉田松陰の武士道は、アヘン戦争の事実を知り、国体(国家)への義を説いている。松陰の記した講録の「序」に次のように記してある。
このまえがきの意味についてよく理解しなさい。これで武士としてふみ行うべき道も、我が国の国体、つまり国としての在り方も、そのあらましが得られるはずである。
まず武士としてふみ行うべき道というものは、礼儀をわきまえず道理を外れるとか、乱暴で本心を失い道にそむくという、偏った武であってはいけない。また、文章などを覚えるだけとか、外面は華やかだが実質のない精神の弱々しい文学であってもいけない。本物の武、文学を学び、身を修め、心を正しくし、国家を治め天下を平和にすること、これが士道である。
国体というのは、我が国には我が国の国体があり、外国には外国の国体がある，しかし、外国の書物を読めば、ややもすれば外国のことだけをよしと思い、我が国を却ってさげすみ、外国をうらやむようになることは学者共通の弊害である。これは我が国の国体が外国のそれとは異なるということを知らないためである。したがって、朱熹の『小学』によって、以前私が話した武士としてふみ行うべき道ということは大概わかったことと思うが、これはシナ人が書いた書物であるため、国体の違いをわきまえることなくにわかに読むと、同じように外国をうらやみ、我が国の国体を失うようになることが避けられないことを、素行先生は深く御心配されたのである。これが素行先生が『武教小学』をお作りになった理由である。これによって我が国の国体を考えるべきである。(吉田松陰『武教全書講録』,25-26頁)

注2　生きるか死ぬかの選択肢には正解はない。2001.9.11の同時多発テロの極限状態にあったユナイティド航空93便はハイジャックされ、数人の乗客は家族との電話連絡でWTCとペンタゴンに飛行機が突撃したと知り、この機もどこかに突撃すると確信した。数名の乗客はテロに立ち向かい、結果、墜落し、乗員全員死亡した。①乗客が何もしなければ、テロの目標場所で甚大な損害がでた。実際の②乗客がハイジャック犯と対決し、墜落した。③乗客が対決したことで、コックピットを奪回して、事なきを得た。もし、死を覚悟した乗客達が選択肢③の筋書きで展開できたと仮定すれば、乗客が生存する可能性があった。死を覚悟し、ハイジャック犯と戦うと、生存の可能性が生ずる。選択②が実際であったが、犯人に立ち向かった乗客の勇気を称えた顕彰碑が建てられた。

引用文献

⑦三島由起夫『葉隠入門』、新潮文庫、2017年。
⑧和辻哲郎・古川哲史校訂『葉隠(上)』、岩波文庫、2003年。

第4章　武士道精神の哲理

日本では、西周(ニシ アマネ)(1829—1897) がphilosophyを「哲学」と訳した。Philosophyは愛(Philos)と智(sophia)の合成語である。哲学は古代ギリシアで生起した。哲学は本来的には、身近な思索であるが、難題の領域を考えると誰にも理解できるものではない。

カール・ヤスパース(Karl T. Jaspers)は『哲学入門』にて、次のように記している。

> 哲学的思惟は、どんな場合でも、根源的であらねばなりません。人は誰でも哲学的思惟を自分自身で遂行せねばならないのです。…
>
> 人間は人間であるかぎり、根源的に哲学するものであるという事実を示す驚くべき証拠は、子供によって発せられる問いであります。私たちが意義のうえからいって直接に「哲学すること」の根底に触れる事柄を、子供の口から聞くことはけっして珍しいことではないのであります。つぎにそのいくつかの例を挙げてみましょう。
>
> ある子供が不思議そうに言います、『僕はいつも、僕は他の人と同じ者であるんじゃないだろうかと考えてみるんだが、しかしやはりついに僕は僕なんだ』と。この少年はあらゆる確実性の根源、すなわち自己意識における存在意識、に触れているのであります。彼は他のものからはけっして理解されることのないものであるところの、この自己存在の謎にぶっつかって驚くのです。…(⑩,10頁)

哲学的思惟は子どもを含めて、誰でもできるものである。幼児は思惟している証拠に「どうして…」と、しばしば大人に質問する。『哲学入門』の少年のごとく、自己意識は外界の世界を把握する器である。また、自己意識は自分自身をも客観的に捉えるものでもある。自己意識があって世界が出現するので、自我は存在の根源といえる。

ヤスパースは「哲学の本質は真理を所有することではなくて、真理を探究することを意味します。哲学とは途上にあること(Auf dem Wege sein)を意味します。」(⑧,14頁)と言っている。哲学は自我のなかで目覚め、そして深く広く陶冶され続づけるだけである。自我は対峙する世界を内在化して、大きく成り続けるだけである。武士道においても途上存在であり、心身を成長させるだけである。

4-1.ギリシア哲学とアスリート

哲学の起源は古代ギリシアに遡る。特に、ソクラテス、プラトン、アリストテレスが哲学者として有名である。この3哲のほかにも多くのソフィスト(知者)がいた。この3哲の以前は自然崇拝の想念に重きを置いていた。ソクラテス哲学からは、人間の精神に主眼を置くようになった。

人間の精神は知性、感情、意志である。古代ギリシアは精神を2頭の馬車をあやつる御者に例えて、御者が知性、2頭の馬が感情と意志と考えていた。

図表4-1　精神の構造

葉隠による武士の精神構造は智と仁に基づいて、常人に勝る勇気をもって行動できる人である。**図表4-1**に知者、勇者、審美者を示している。感情を優位とする者は芸術家で感性の価値を美とする。意志はあっても勇気がなければ武士には不向きである。芸術家になろうと思っても美意識がなければ芸術家には不向きである。知者が美意識あるとは限らない、知者でなくても美意識があり、表現方法を身につければ、芸術家となる。

岩井義人・片山正直供述『哲学への道』では、古代ギリシアの3哲について、次のような記述がある。

> ギリシアにおいて愛智としての哲学が成り立ったとき、知識や論理の問題と平行して、実践や道徳の問題が探求されたのである。それは特に、ソクラテス、プラトン、アリストテレス、などによってであった。ソクラテスは、当時のソフィスト（知者）たちの知識と実践に関する個人主義的また相対主義的な見解に力強く反対して、まず自己を知ることから始めて、普通妥当的な知識とそれに基づく実践を確立すべきことを説き、いわゆる知行合一論を主張した。ソクラテスの精神を継承したプラトンは、まずイデア論の哲学を展開して、あらゆるイデアの中で善のイデアを最高のものとして立て、それを主体的に実現する優秀な精神能力すなわち徳として、智慧、勇気、節制、そしてこれらを統合する正義、の四主徳を明確

にし、さらにこの四主徳が国家の階級秩序においても実現されて、理想国家が成り立つことを述べている。アリストテレスは、最高の善は精神的な幸福であると考え、それを達成するために理論的な徳（知徳）と実践的な徳（行徳）とを説いたが、興味のあるのは後者であって、彼は過・不及の両極端を制御する中庸の諸徳（例えば、勇気は怯懦と蛮勇の中庸、節約は吝嗇と浪費の中庸）を強調し、さらに社会的な彼としては友愛を、国家の基礎としては正義を説いている。ここから彼の実践哲学は政治哲学へと発展し、再び中庸を得た民主政治に味方している。(⑦,79-80頁)

ソクラテス(B.C.469頃—B.C.399) は「無知の知」を説いた。これは、自ら知らないことを自覚して、知を希求することを意味する。彼の知行合一は、正しく行うためには正しく知ることである。そして、不正をしてしまうことは不幸なことである。

彼が「問答法」により、幼児の発する「どうして…」と、ソフィストと会話したならどうなるであろうか。彼は憎まれ、裁判にかけられて、死刑判決を受けてしまった。倫理は良い人間関係を探求しているが、人間が作った法律には欠陥があったり、間違った解釈をしたりする。ソクラテスは「悪法も法なり」として毒杯を仰いだ。

プラトン(B.C.427?—B.C.347) はイデア論を説いた。見たり触ったりできる物は形相と言われ、その形相は観念としてのイデアの形をしているだけで、イデア界が正しい領野としている。例えば、直線のイデアは空間のある2点を最短距離で結ぶものである。イデアのこの線には面積もないのである。我々がノートに定規を使って線なるものをボールペンで引いたとしよう。微細なナノ単位の測定を使えば、くねくねしているし、面積もある。描いた線は線の形相にすぎない、決してイデアの線ではないのである。

知識の探求方法は観想{テオリア(theōria)}で、良く見て、理論化することである。宮大工の職場では大工師は棟梁のやり方を見て学んでいる。料理の厨房でも、料理長の調理方法を見て盗めと言われている。これは、スポーツ界でも適用できることである。プラトンは善のイデアが最高なもので、これを構成するのが、智慧(理性)、勇気(意志)、節制(欲望)の徳で、そしてこれらを統合する正義として、彼は正義の徳の実現を説いた。

アリストテレス(B.C.384―B.C.322) は、最高善を幸福としていた。また、人間はポリス的動物であるとし、ポリス国家の中で社会貢献(徳を積む)することが、自らの幸福に繋がるとしていた。現代人でも、幸福な人生を生きるために、職業を通じて社会貢献をすることが大切である。彼の考えの「中庸」は少なくも、極端に多いいことも否定し、両極の中間に最適なものがあるという考えである。

古代ギリシアでは都市国家ポリス間での戦争の危機にさらされていた。男性の善し悪しは、戦闘での戦いの勇敢さで評価された。アリストテレスの臆病と無鉄砲さの中庸が勇敢の意義である。節制は快楽と苦痛の中庸である。「過ぎたるは及ばざるがごとし」で快楽におぼれる、苦痛から抜け出せないことも善ではない。アリストテレスは意志に関係する良し悪しの行徳を、次のように区別している。

(1)優れた性格。正しい行いをしようと思い、かつそれを何ら心の葛藤なしに行えるような人の状態。
(2)意志の強さ。不正への誘惑を感じるが、それに打ち勝って正しい行いをする人の状態。
(3)意志の弱さ。不正への誘惑を感じ、それに打ち勝とうとするが、成功せず不正をなしてしまう人の状態。
(4)悪い性格。自ら進んで不正を行い、それに対して何の抵抗も感じない人の状態。(⑱,55頁)

アスリートのサッカー試合の状況にあてはめると、(1)は正々堂々とフェアなプレイをすること。1968年メキシコオリンピックの3位決定戦での日本の銅メタル獲得は健闘に値するものであった。(2)は相手からボールを奪うために、ボールを蹴る振りをして、相手の足を蹴ろうかということを想い止まる勇気である。結果的にフェアなプレイをしたことになる。 (3)は(2)の状況で相手の足を蹴ってしまう行為である。勇気にはルール違反をしないという自制心を伴う。もし、相手の足を蹴ってしまい、ボールを我が物にできたとしても、一生このアンフェアをしてしまったことを悔やんで過ごすことになる。(4)レフリーの死角である時、平気でルール違反をする。これが無鉄砲な選手と言われる。

自制心について付記すると、アリストテレスは「自制心のない人は欲望によって行動し、自制心のある人は選択によって行動をし、欲望によっては行動しない。」(⑱,85頁)と言っている。選択について、試合で勝利するか負けるかは選択できない。試合に勝とうとする訓練は多くあり、しかも、訓練法は選択できるものである。

4-2.カント哲学とアスリート

図表4-2　カントと実存主義者

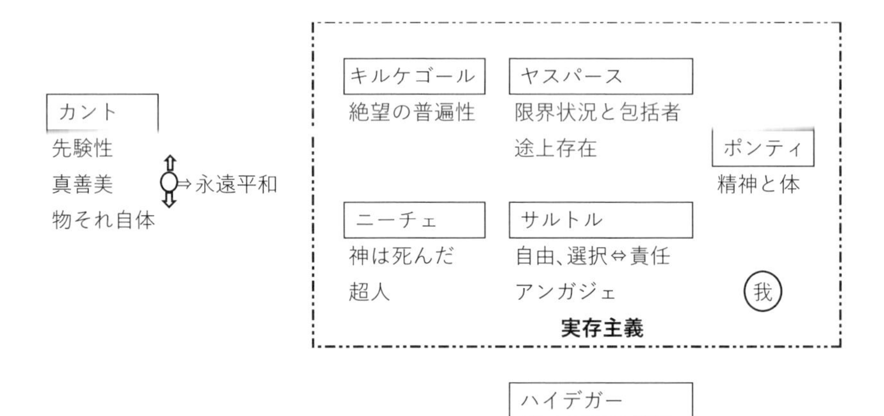

哲学でカント哲学を理解することは避けては通れない。古代ギリシア以降の哲学はカント哲学に注がれ、イマヌエル・カント(1724—1804) 以降の哲学はカント哲学から派生している。

人間の精神には理性、意志、感性があるが、カントはその精神価値を真・善・美とした。そして、それぞれ『純粋理性批判』、『実践理性批判』、『判断力批判』の書を著わした。人間の理性、意志、感性は叡智界からは幼稚で批判に相当するというのが批判書の意味である。

4-2-1.理性

物事の認識

「テオリア」という良く観て、対象を掴むのは、客体があるからか?。主体が認識するからか?。この質問に対して、主体が認識することにより、客体が存在するとするのがカントで、天動説に対して地動説を唱えたコペルニクスにちなんで、コペルニクス的転回と呼ばれている。

100m走で1位は誰か、は見ていて分かる。そして、スタート・ダッシュ、中盤までの走り、ゴール直前の動き、は観察者が凝視していれば、観察者は分かる。しかし、走者の走り具合だけを見ていても観察者に認識されない点がある。走りの理論を知る指導者には、傍観者には知り得ない体の細部の動きや、合理的走りか否か、走者の心理まで読み取ることができる。物そのものは不可知で、物の属性を指摘できても、知り得ない他の多くの属性が実際には有るものである。主体が認識することで、物の1面が表出して、その1面があることになる。

理性の観念は範疇(カテゴリー)を言葉にする。スポーツの種目もカテゴリーがある。トラックを用いる陸上競技、球を使う球技、器具も用いるが体の動きを競う体操競技など大分類がある。走る競技でも100m走の短距離走、マラソンの長距離走と種目の小分類もある。これらカテゴリーである。

カテゴリー内には因果関係がある。100mを歩けば5分かかる。走ればより早くにゴールできる。早く走るには、足の回転を早くする。キックを強くし歩幅を広げる。足を有効に動かす練習をして能力を高める。これらの原因により、結果、より早く到達することができる。因果には次のような因果もある。

不毛な因果：指導者の指導が悪い。競技者の習得が悪い。

循環に陥る：親鳥が先か、卵が先か。

カテゴリーとその中の因果法則は理性の作用であり、宮本武蔵の道理とはこの因果法則である。

物それ自体は不可知

認識には限界がある。「物それ自体は不可知」という命題がある。銀河系の中心にブラックホールがあることが知られているが、ブラックホールの正体は不明である。古代ギリシアでも物質は「アトム」からなると認識していた。今日でも原子の構成にクォークの存在は認識されたが、そのクォークは何から構成されているかは不明である。物それ自体は知性により少しずつ明らかになって行っている。いまだに無知な物事を明らかにするのに感性が一役を演じている。

「古代ギリシアにおいて、自然に対する驚異の念から知的探求が始まった」(⑨,50頁)と、スポーツを始める切掛けに、学校の身近な人の美技を見たり、テレビスポーツ実況を見たり、スポーツ観戦へ行ったりなどして、スポーツをしたい動機が生まれた筈である。物それ自体の不可知に対して、我が把握できるのはその物の現象である。野球選手が見事にバットを振ったとき、球がホームランとなった現象を知覚できる。いつもホームランが打てる打法は不可知である。岩井は感性知について、次のように記している。

> 一口に知とか知識とかいっても、その範囲はかなり広い。質的にいくつかに区別することができる。科学的知識は重要な知識ではあるが、それだけでつくされはしない。まず、その前段階になるような、しかし科学によって解消きれない知がある。それは五官による知覚である。感性知ともいうべきものである。科学の立場からは、それは主観的とみなされるが、しかし事象そのものを生き生きと捉えている限りには、なお客観的である。柳は緑、花は紅、といった禅語の如実知見も、感性知に基づいてのことである。西欧のsense, Sinn, sens などの語が、ひとしく感覚また感能を意味しながら、同時に意味とか分別などの意を含んで、生活経験とともにcommon sense(常識)、gesunder Sinn(常識)、bon Sense(良識)、といわれる段階に高められることは、特に注目に価する。すなわち感性知は生活経験を重ねて常識(良識)となる。それは経験知といってもよい。常識ないし経験知が、われわれの日常的な生活営為において大きな役創を果していることはいうまでもない。常識ないし経験知の範囲は、各個人についてみれば多少の相違はあるが、まさにcommon sense という意味において人間の一般的な生活範囲と合致するといえよう。(⑨,48頁)

人間の体には5官の機能がある。目の視覚、耳の聴覚、皮膚の触覚、舌の味覚、鼻の嗅覚の5つの感覚がある。また、感性は多様な物事に対して反応をする。アクロバット飛行の操縦士は計器を見て、飛行機の状態を認識する。機械体操のアスリートで、空中で何回も回転できる人は耳にある三半規管を研ぎ澄ました平衡感覚を有している。物事の現象はそれを観る視点と、そのデータは数え切れないほどある。この数え切れないほどのデータは今日の情報社会ではビッグデータと呼ばれている。そのビッグデータはIoT (Internet of Things)により集められている。野球の投手の変化球は多種あるし、投手の癖もある。打者の前で球がどう変化するか、高速カメラの画像情報を確認しながら、投手が指使いを探求すると、効果的投球法を確立することができるであろう。現象のデータを見て、体の感覚で体を制御する考えを確立して、確立した方法と体の一致をめざして訓練するのである。
感性には、直観と呼ばれている、第6感がある。数あるカテゴリーの中で、どのカテゴリーが有用であるかは、この直観で判断されるが、その因果の良さは、実際の試合、対戦相手で評価される。あるカテゴリーの必然性の作用が試合に有効でないとき、別な有効なカテゴリーを見出して選択するのが自由論である。昔の指導法に「運動中に水は飲まない、水を飲むと疲労感がでる」と言われていた。今日、水を補給しないと、暑い日、長時間の運動では熱中症の危険があると認識されている。昔のスキーのボーゲンの方法はスキー板に頭ごと体重をかけていたが、今日では膝のコントロールでスキー板をまげる。今日のこの方法がスマートである。アスリートはスポーツそのものへ接近する知性の認識が欠かせない。

二律背反の存在性

波多野は「二律背反とは、全く矛盾する二個の判断をともに肯定することです。」(⑩、233頁)と言っている。人間は生まれるもの。人間は死ぬもの。始めがあれば、終わりがある。アスリートになり、アスリートから引退する。これら全く矛盾しているが、両者はありである。物事の存在は、有れば無くなるのである。人間存在の内実は次節の「実存主義と武士道精神」に譲ることとする。

4-2-2.道徳

武士道は知行合一の精神がある。知性で認識した真なる事項も行為に移行するには、カントは『実践理性批判』で考察している。道徳と仁(倫理)とは違いがある。カントは道徳を次のように考えている。

> カントの道徳論の中心は道徳律の概念です。我々の実践(行為)に関する法則には色々あるが、それらの法則はどれも命令の形で表現されている。しかるに命令には、或る条件の下でのみ効力を持つものと、無条件にそれ自身で効力を持つものとの二種がある。では道徳律はそのいずれに属すべきか。今ここに「欺いてはならない」という命令があったとしよう。そして、例えば商人が利益を得るための最上の策として正直であるとしよう。このような行動は果たして本当に道徳的

だろうか。外面だけ善良というのは果して道徳的に本当に価値のあることだろうか。「もし君が利益を得たいと願い、幸福になりたいと願うならば義務を果たせ」というようなのは道徳律の命令として正しいだろうか。

この問いに対してカントは断然「否」と答えました。そのためカントにおいては道徳律と幸福とは完全に相反するものとなり、対立することになりました。道徳律は絶対的に無条件的に効力を持つ命令である。道徳を幸福に到達するための方便と考えたり、道徳律を幸福という条件の下においてのみ効力を持つものとするような考え方は、道徳そのものを否定する迷妄である。道徳はそれ自身が目的とならねばならない。(⑩,239-240頁)

道徳的に自らを律する命令は、欧米人であるならば、神からの声として受け入れられる。日本人には良心からの声と表現されると、受容できるであろう。飲食業の店主が如何においしい料理を客に提供して、客がどんなにおいしさに満足しても、顧客本位の店主として評価されても、道徳律からの行為ではない。経済や利害の領域を超えたところに道徳はあるのである。商人の利得や幸福の追求を否定するものではない。商人は生産者と消費者を結び付ける機能がある。幸福も社会貢献を通じてでないと得られないものである。

前章で語られた、雷の艦長・工藤俊作が漂流している敵兵を救助した話は道徳律からの行為であった。工藤艦長は無条件の行為で、死ぬまでも、その人助けの事実を他言しなかった。ところが、旧イギリス兵から聞かされた工藤艦長の徳行に対して、国を超えて、人々は感動したのであった。

新渡戸稲造がベルギーの法学者から「宗教がない! それでは、どのようにして道徳教育を授けるのですか?」[注1]と言われ、『武士道』を上梓したが、上杉謙信が宿敵である武田信玄に塩を贈った事例のように、相手が危機に陥っているときには利害を超えた道徳が行使されたのであった。武士道の道は天に通じているのである。

図表4-2のカントの箇所を見てみよう。人間の精神性の真善美は不完全であり、その上方には哲学が追求している普遍性がある。さらに、頂点には完全無欠(神)があるのであろうか。この普遍性にア・プリオリ(先天性)と先験性とがある[注2]。ア・プリオリは物理に対する数学である。関係式の通りに物体は動いている。天空の星の1年後も10年後も100年後も予測できる。先験性は経済社会や成長する人間のように変化している対象の普遍性に妥当する

と想われる。供給より需要が高まると、価格が上昇する。独占企業が製品の供給を少なくすれば、その価格が上昇することは、経験しなくても自明である。アスリートが怪我をしてしまえば、選手生命が絶たれることも自明である。知識の源泉はア・プリオリな知識と経験からの知識と言われるが、経験しなくても自明な知識が先験的知識である。

4-2-3.武士道への道

普遍性の探求が哲学することであるが、岩井義人の哲学への道は次の通りである。

> 哲学への道また哲学の方法という見地から、今までに何度となく語った「自覚」とか「反省批判」とかいうことを、もう一度考え直してみた。同時に、高山峻嶺への登攀(ハン)という比喩から、そのためにはいかなる心構え、態度決定、確固とした足どり、などが必要であるかを検討してみた。そうすることによって、まず「自覚」が哲学への道を歩もうとする者の不可欠必須の「心構え」であること、次にこの自覚に裏づけられた「直観」が存在全体という哲学の対象に対して必要な「態度決定」であること、さらに反省批判によって燃焼され生かされた「論理」が哲学の目的を達成する充分な条件であり「確固とした足どり」であること、などを明らかにしたのである。一口に哲学の方法は、自覚—直観—論理であるといえる。ところで、自覚はすべての哲学者が内に持っている当然の心構えであるとすれば、哲学の方法としては、自覚に裏づけられた「直観」と反省批判から生まれたま「論理」との二つが、すなわち直観は必要な条件、論理は充分な条件として、重視されてよいであろう。端的にいって、直観と論理が、哲学への道・方法である。(⑦,144頁)

意志の発揮で最高の価値は道徳であるが、アスリートの幸福なことは勝つことである。大会で優勝をすれば、名誉なことである。アリストテレスは幸福を導く社会貢献に主眼に置いていたので、倫理学を説いたと言われている。哲学に於いて、普遍性を探求しようとの自覚のもとに、誰も気づいていない哲学の発展や深さを開拓するには直観を必要とする。その直観の正しさを論理的に説明するが哲学の道である。武士道の道は精神(勇気、直観、論理)と身体が心身一如となるように鍛錬して、エベレストのような厳しい山を登るようなものである。三千メートルも登れば日本一が見えてくる。武士道の道を一歩、二歩と踏み出せば、目標地点まで到達できなくても、健康な体と精神力が養われるであろう。

図表4-3　アスリートの武士道への道

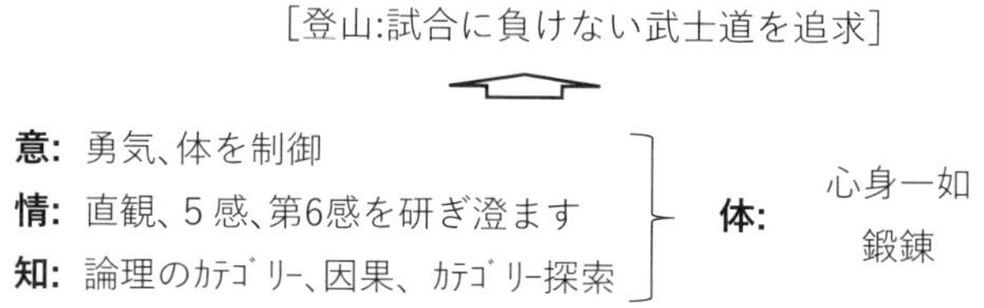

[登山:試合に負けない武士道を追求]

⇧

意: 勇気、体を制御			
情: 直観、5感、第6感を研ぎ澄ます	}	**体:**	心身一如 鍛錬
知: 論理のｶﾃｺﾞﾘｰ、因果、ｶﾃｺﾞﾘｰ探索			

4-3.武士道精神と実存主義

人間は生まれた体の中に自然に心は宿ってくる。生きて行こうとすると、何らかの職業に就こうと思う。まして、生業と自覚したならば、その職に必要な技能や知識を身につける行動をするものである。人間の精神的生き方ついても、自覚をすれば、私の信条として、言葉で表現できるものである。大人になるとは自覚存在で生きることである。自覚存在は第2の誕生で、自ら生み出し、生きることで、その自覚した内実で生きることが実存主義である。

4-3-1.ハイデガーの存在論

図表4-2 カントと実存主義者の中で示されている様に、実存主義の哲学者は数多くいる。マルティン・ハイデガー(1889—1976) は、『存在と時間』を著わしたが、その題名は存在の器(時空)を意味している。ハイデガー自身は多様な存在論を意図しているが、本書では人間の実存の器(時空)として捉えることとする。

実存を見出すための主体を特定するとすれば「我々（人間）」個人である。我の存在は「現存在(Dasine)」である。実際には人の存在の属性は国、人種、母国語、時間など、様々なカテゴリーがあっても、存在は自己がそれを意識するかどうかである。ハイデガーは、人間は「現存在が存在を了解するときにのみ、存在はある。」(⑪,82頁)としている。歴史を振り返ると、人間はただ環境を受け入れるだけでなく、英傑は社会に変革をもたらした。信長・秀吉・家康は戦国の世から太平の世へと導いた。また、幕末の下級武士達は近代国家を建設した。存在了解による自己出現は価値へ向かって変化・発展する自由な存在でもある。

身近な時空のなかの存在と言えば、ある学校、ある会社、ある運動部など実際にいるところである。これらは過去にそれらに所属した決定がある。また、学生、社員、部員であったりすると、身近な科目、身近な仕事、身近な練習をして、狭隘な気持ちになっているが、ハイデガーは、自己(現存在)は世界内存在であり、自己の精神は世界へ向かっての広がりをもっていると言っている。その要素に、次の3点を示している。

1.「世界の内に」ということ。

2.いつも世界=内=存在というありさまで存在している存在者。

3.内=存在そのもの。(⑫,131頁)

この1.は実際の世界に、客観的にあることである。足踏みをすれば、土か床が感じ取れる。この3.は人間内にある自我による認識である。ある物が外界にあるが、人間が認識しないと有っても無きものだ、と言った問題を解消したのがフッサールの現象学で、この2.は外界の存在と自我の意識作用により同時性の繋がると存在する。太陽系の惑星に土星があると言うと、遠くにあるリングを有する星が脳裡に浮かぶ。この意識による主客の同時存在を持ち合わせている人が、ハイデガーの存在者である。

意識の存在者は、実際に世界に出かけなくも、世界史、世界地理など学校で学ぶと、それなりに存在把握ができる。特に世界史は時間、世界地理は空間、ハイデガーの「内=存在」は時空の中と解釈できる。時空無くして、人間教育の現場は出現しないのである。さらに、存在者は世界の内にある。体育の授業で習った競技スポーツも世界と関わっている。日本発祥の柔道、剣道も世界大会がある。柔道はオリンピックの競技種目ともなっている。

図表4-4　現存在

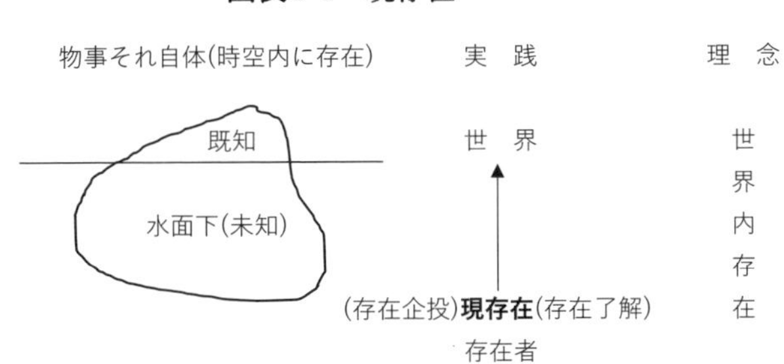

図表4-4は現存在の構成要素を示している。現存在は自分が世界の中で生きているという意識(理念)がある。学ぶ場、働く場、スポーツをする場が人それぞれにある(物事のある場)。存在者は世界を志向して生きる(世界内)。この3つの要素1つが欠けていても現存在ではない。特に理念がなければ、無意味となり、自覚に至らない存在となる。

ハイデガーの現存在には「存在了解」と「存在企投」とが付随している。木田元は次のように、これらを解釈している。

> 〈存在了解〉〈存在企投〉も同じ事態に結びつく。〈存在企投〉とは、現存在が生物学的環境を〈超越〉して〈存在〉という視点を設定し、そこからおのれの生きているその環境を見なおすことである。動物が環境のなかで出会うのは、おいしそうな餌だったり、好ましいメスだったり、避けなければならない危険だったり、その時どきの環境内での刺激の布置によってきまってくるそれぞれ特定の意味をもった刺激の複合体であるが、現存在はその環境を超越して〈存在〉という視点に身を置くことによって、おのれの出会うすべてのものを、そうした特定の意味を超えて一様に〈存在するもの〉〈存在者〉として、つまりは〈在るとされるあらゆるもの〉として見ることができるようになる。ハイデガーは〈世界内存在〉と〈超越〉と〈存在了解〉は同じ一つの事態を指すと言っているが、それはこのような意味なのである。
>
> ところで、こうした〈存在企投〉、つまり〈存在〉という視点の設定は、人間が意識的におこなったりおこなわなかったりできることではない。気がついてみたら、そうした視点に立って、すべてのものを存在者と見ているのである。たしかにそれは、人間のうちで、現存在のうちで起こる出来事にはちがいない。しかし、それは人間の意志を超えた出来事なのである。というより、まずそうした出来事が起こり、すべてのものが〈存在者〉として見えてきた上で、おのれ自身をもそうした存在者の一つとして、つまり人間として意識することになるわけであろう。ハイデガーが「存在了解が現存在に先立つ」と言うのも、こういう意味である。そして、ハイデガーが人間のことを〈現存在〉という妙な言葉で呼ぶのも、人間こそ、〈存在〉という視点の設定がおこなわれるその〈現場〉だからにほかならない。
>
> してみれば、〈存在了解〉〈存在企投〉とは、現存在にとっては、たしかに自分のうちで起こった出来事にはちがいないが、自分がおこなったわけではなく、自分を超えた何者かの力で生起したとしか思われず、いわば畏敬の念、驚きの思いをいだかずにはいられない出来事なのである。(⑪,87-88頁)

動物は自然の摂理で生きている。天才と称された現存在を考えてみよう。モーツァルトは天性の音楽性を授けられ(存在企投)、作曲活動に専念した(存在了解)、そして、名曲を世に残した(世界内存在)。アインシュタインも物理学の才能が企投されて、その了解の基に、相対性理論をこの世にのこした。宮本武蔵も文武両道の剣豪として、多くの人から、畏敬の念を抱かれている。

天才でない人も、それなりに存在企投されている。存在企投されている事項を、競争優位へ導く自己管理方法に、SWOT 分析があり、次の4項目である。

自己の強み(Strengths)：目標達成に貢献する個人の特質。
自己の弱み(Weaknesses)：目標達成の障害となる個人の特質。
外部の機会(Opportunities)：目標達成に貢献する外部の特質。
外部の脅威(Threats)：目標達成の障害となる外部の特質。

この分析を活用するには、次の質問の回答を考えればよい。

どのように強みを活かすか？
どのように弱みを克服するか？
どのように機会を利用するか？
どのように脅威を取り除く、または脅威から身を守るか？

自己に存在企投されていることを存在了解(汝自身を知る)して、自己の強みを発揮、弱みを克服した競争優位の方途を自覚し、成長の道を歩むのが、職業の場、競技の場に不可欠である。そして、アリストテレスの最高善へ近づくこととなる。

4-3-2.ハイデガーの時間論

人間存在は時間と共に変容する。時間性は物事の様々な意味を惹起してくれる。その中で経験しなくても自明なものが普遍性である。ハイデガーの時間性について、木田は次のように述べている。

> 〈時間化の働き〉という概念は、動詞にすると〈おのれを時間化する〉であり、いわば〈おのれを時間として展開する〉あるいは〈時間として生起する〉といったほどの意味である。ところで、先にも述べたように、ハイデガーは、現存在がこのようにおのれを時間化し、時間として展開する仕方はけっして一通りではなく、そこに本来性・非本来性が区別されると考えている。この本来性・非本来性は、なにか道徳的ないし宗教的基準で計られるわけではなく、あくまで構造的な違いな

のである。つまり、現存在がおのれを時間化するに際して、おのれに与えられた構造をどの程度満たしているか、ことにおのれの可能性とどのように関わりあい、どのくらいの射程で未来の次元を開くかによって、それは計られる。もっと具体的に言いかえれば、現存在がおのれ自身の死という、もはやその先にはいかなる可能性も残されていない究極の可能性にまで先駆けてそれに覚悟をさだめ、その上でおのれの過去を引き受けなおし、現在の状況を生きるといったようなぐあいにおのれを時間化するのが本来的時間性であり、それに対しておのれの死から眼をそらし、不定の可能性と漠然と関わりあうようなあり方が非本来的時間性だということになる。

ハイデガーによれば、本来的時間性においては、その時間化はまず未来への〈先駆〉として生起し、そこから過去が〈反復〉され、そして現在は〈瞬間〉として生きられる。ここでは未来が優越し、三つの時間契機が緊密に結びついている。(⑪,133-134頁)

人間は体と精神の二元の存在である。人間の時間には過去、現在、未来があり、生きるということは未来に対して生きるので、未来にたいして生きるのが優位にある。そして、人間そのものは過去に遡ることはできない。
現存在には以前の出来事、例えば、どの親から生まれたか、何を学んだか、どんなスポーツをしているかが「存在企投」として、影響している。我の意識に「存在企投」の内容を受け入れている事項が「存在了解」である。

本来的時間性は過去と現存在、未来と現存在の関係がある。過去との本来的時間性とは「おのれの過去を引き受けなおし、現在の状況を生きる」ことである。過去と現存在の事例は、学生となったならば、学んで知識を形成するように努めることであり、あるスポーツを行ない始めたならば、アスリートを志し訓練に励むことである。

未来との本来的時間性には、尊敬する人に憧れて、その人の有り様に近づこうとして今を生きる。学生が専門職に就こうとして、就職に必要な技能か資格を獲得するために励むことである。

非本来的な時間性は犬や猫のように、その場その時々に反応しているだけで、過去からの約束、未来への飛躍など考えないで生きている人である。ただ年だけ取っている人手ある。このように記すと、犬に失礼かもしれない。盲導犬は訓練のすえ、盲人を安全に先導してくれている。犬は過去の学習を現在に生かすことができている。未来からの時間企投を現存在に受け止めるのは人間だけであろう。勿論、未来を受け止めない人もいることも事実である。

図表4-4 現存在の時間性

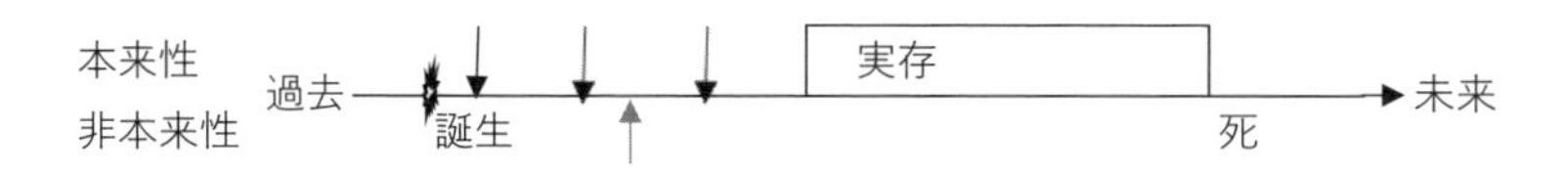

人間の未来に対して、確実な事は「死」を迎えることである。「人間は生まれ、そして、いつか死す」これは真で「私は人間である」、よって、私は「死へ臨む存在」である。ハイデガーは「まず肝要なことは、《死へ臨む存在を一つの可能性へ向かう存在(ein Sein zu einer Möglichkeit)として、しかも現存在自身の際だった可能性へむかう存在として、性格づけておくことである。」(⑬,81頁)と述べている。**図表4-4**で「一つの可能性へ向かう存在」を図示している。実存に至る以前に、何度か契機[↓]がある。その契機は「存在企投」であり、それを自我で受け止めると「存在了解」となり、実存に生きることとなる。ハイデガーの「際だった可能性は」世の中の人生の「存在企投」となる。中村哲がアフガニスタンに医師として赴任した地は、子供が飲み水がなく死ぬ、住民が荒野を捨て都市へ出で行く場所であった。こうした事態の中で、彼は子供の命を救う、また、餓死せずに生きるという「存在企投」「存在了解」で井戸掘り、灌漑工事を実践した。彼の偉業は後世でも「存在企投」している。そして、今日「存在了解」をした後継者により、中村哲の「積極的平和」の活動が引き継がれている。

未来に必ず生起する、自らの死を受け止めることで、存在者は実存の人生をおくる可能性が生まれる。ただし、非本来的な時間性で生きている人には、恐れ、不安などの感情が湧いてしまうかもしれない。葉隠・武士道の「武士道とは死ぬ事と見つけたり」という言葉は人が自分の死を意識することにより、その人が武士道精神に生きる可能性を述べたものである。

4-4.武士道精神の実存主義

実存とは何なのかなと思っている人に、実存主義の話をするより、未来に

「死す」と言うことを意識した人は、これから如何に生きようかということを思うものである。ハイデガーは実存者（現存在）の構造を示していたが、平易に言えば、実存とは自分自ら真実を見出して生きることである。ハイデガーは実存の契機は「死」としたが、実存への契機は実存主義者で、まちまちである。また、実存の内容も個々人まちまちである。実存を見出し、実存に生きた人は人生が豊かになる。ただ、無目的に生きている人は、馬齢を重ねると言われる。病気になり、医師より余命宣告5年と受けた人は、残された余命を実存し、有意義に人生を閉じることができる。実存とは自覚存在（覚存）とも言い、大人となった証である。

4-4-1.実存主義の諸相

図表4-1で、ハイデガーの『存在と時間』は実存主義の器であることを示した。実は、ハイデガーはこの書の続編として完成原稿を書き上げていたが、彼はヤスパースにその原稿を見せたが、彼が首を傾けてしまったので、その原稿は幻となってしまった。木田元はその原稿の内容はニーチェ的なものでなかったかと推測している。ハイデガーの続編が世に出なかったので、実存の多様な諸相に関心をもち、身の丈に合った実存に生きることができるであろう。

実存主義は自ら「生きる」事を見出すもので、主観的である。この**図表4-2**はキルケゴールとヤスパースは神を措定し、ニーチェとサルトルには神はいないものとしている。メルロポンティは本質へ接近するための現象を深化している。

キルケゴール

セーレン A. キルケゴール(1813－1855）は、デンマークの哲学者で、『死に至る病』を著わした。第1章は「絶望が死に至る病であること」として、次のように書き始めている。

> A、絶望は精神におけるすなわち自己における病であり、そこでそこに三種の場合が考えられうる。— 絶望して、自己をもっていることを意識していない場合（非本来的な絶望）。絶望して、自己自身であろうと欲しない場合。絶望して、自己自身であろうと欲する場合。
>
> 人問とは精神である。精神とは何であるか? 精神とは自己である。自己とは何であるか? 自己とは自己自身に関係するところの関係である。すなわち関係とい

うことには関係が自己自身に関係するものなることが含まれている、— それで自己とは単なる関係ではなしに、関係が自己自身に関係するというそのことである。人間は有限性と無限性との、時間的なるものと永遠的なるものとの、自由と必然との、綜合である。要するに人間とは綜合である。綜合とは二つのものの間の関係である。しかしこう考えただけでは、人間はいまだなんらの自己でもない。

二つのものの間の関係においては関係それ自身は否定的統一としての第三者である。それ互二つのものは関係に対して関係するのであり、それも関係の中で関係に対して関係するものである。たとえば、人間が霊なりとせられる場合、霊と肉体との関係はそのような関係である。これに反して関係がそれ自身に対して関係するということになれば、この関係こそは積極的な第三者なのであり、これが自己なのである。(⑭,18-19頁)

図表4-6　自己の存在と自我(自己自身)

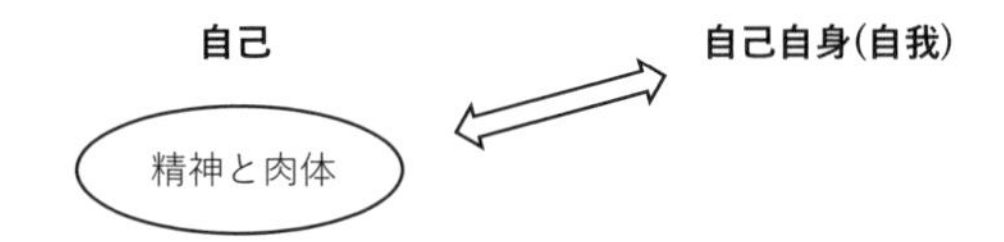

図表4-6はキルケゴールの人間観を現わしたものである。デカルトは「我思う、故に我あり」と考えたが、この「我」は自我であり、キルケゴールの自己自身である。デカルト以来「自我」の探求が西欧哲学の特色でもある。デカルトは人間を精神と身体とが分かち難く結びついている存在として捉えていたし、メルロポンティも心身二元論であるので、**図表4-6**には肉体を付け加えた。自我に目覚めると、自我が主体で自己は客体という第三者となる。明朝7時に起きなければならないと思っていても、寝過ごしてしまう。海外からの来訪者が日本にはゴミが捨ててなく、綺麗であるとの評判であるが、たばこの吸い殻などをポイ捨てしまう。このような時に、自我が自己を客体として観て、寝過ごしたと反省する。たばこの吸い殻を投げ捨てて、何も思わない人は自我が作用していないのである。

絶望には三種類ある。第一の「絶望して、自己をもっていることを意識していない場合（非本来的な絶望）」は、たばこをポイ捨てしまって、何ら顧みることもしない、自我がないことで、例えば、津波が押し寄せているという情報にもかかわらずに、避難もせずに、ただ家の中にいる。迫り来る絶望から逃れようともしないのが第一の絶望であり、思考を要しない。

第二の「絶望して、自己自身であろうと欲しない場合」の例として、キルケゴールは「支配欲のある者 ― この男の標語は'帝王か然らずんば無'である ― が帝王にならない場合、彼はそれについて絶望する。だがそのことの真の意味は別のところにある。― すなわち彼は帝王にならなかったが故に、彼自身であることが耐えられないのである。」(⑭,28頁)とし、帝王でない自分と帝王を望む自我との分裂の絶望である。第三の絶望は自己と自我の統合を目指すもので、「絶望して、自己自身であろうと欲する場合」である。この第三の絶望について、キルケゴールは次のように述べている。

> [自己が絶望して自己自身であろうと欲するのは一体何によるのであろうか?]それは自己という全関係が全く依存的な物であり、自己は自己自身によって平衡ないし平安に到達しうるものでも、またそういう状態のなかにありうるものでもなしに、ただ自己自身への関係において同時にその全関係を措定したものに対して関係することによってのみそうでありうることを示しているのである。(⑭,19-20頁)

自我の絶望は自己の肉体の消滅を意味し、自己消滅からの脱却の意識は全人生を強く意識し、生きること、実存の契機となるのである。絶望という、この実存への契機は感性的不安からの方途と言えるだろう。絶望からの実存の生起について、彼は次のように述べている。

> また絶望のこの第二の形態（絶望して自己自身であろうと欲する形態）は単に絶望の一種特別なものにすぎないものなのでは断じてなく、むしろその逆に結局あらゆる絶望がそのなかに解消せしめられそれへと還元せしめられうる所以のものである。(⑭,20頁)

存在は有限と無限、人間は生と死の存在という二律背反に関係している。両者を止揚するものへの還元が自我の実存である。彼の実存は「自己が自己自身に関係しつつ自己自身であろうと欲するに際して、自己は自己を措定した力のなかに自覚的に自己自身を基礎づける。」(⑭,20-21頁)とし、自己を措定した力であるキリスト教により自我形成して、キリストの教義で生きると説いている。

キルケゴールは絶望から神を信じることで、希望を見出している。人の人生は「七転び八起き」である。挫折や生きるか死ぬかの限界状況もあるかもしれない。ヤスパースは「挫折の経験と自己となることの経験」について、次のように述べている。

> これらの限界状況 — 死・偶然・罪・世界が頼りにならないこと — は私に挫折を示すものであります。私がこれらの限界状況を正直に見るかぎり、私はこの絶対的な挫折を認めないわけにはいかないのでありますが、それではこのような絶対的な挫折に当面して、私はどうすればよいのでありましょうか。
> …限界状況としての哲学の根源は、挫折することにおいて存在への道を獲得しようという根本的衝動を起させるものであります。(⑩,28頁)

限界状況は実存の生成であり、挫折に押しつぶされるとは限らない。世界の富豪は貧しい家の生まれであった。松下幸之助は幼少期に丁稚奉公をした。米国のロックフェラーは学生の内から収入を得るために商売を始めた。スポーツマンが事故で足を損傷して、挫折するのは当然であるが、パラリンピックに目標をかえて、メダル獲得となれば、輝かしいアスリートになれたことになる。挫折の存在企投を受けて存在了解し、自らの実存を歩むものである。限界状況からの挫折を自ら乗り越えることができないとき、ヤスパースは次のように述べている。

> 限界状況のうちには、無が現われるか、それともあらゆる消滅する世界存在に抗し、それを超越して、本来的に存在するものが感得されるようになるか、のいずれかであります。絶望でさえも、それが世界内で可能であるという事実によって、世界を超え出ることの指示者となるのであります。
> 換言しますと、人間は救済を求める。ところで救済は多くの一般的な宗教によって提供せられるのであります。宗教の特徴とする点は、救済の真理性と現実性に対する客観的な保証にあるのであります。宗教の道は個々人の回心という行為へ通じている。しかし哲学はそういうものを与えることはできない。それにもかかわらず，あらゆる「哲学すること」は一種の現世の超克であり、救済の一類比物なのであります。(⑩,28-29頁)

限界状況に現れる神は、人間の心の内奥で感じとれるものであるが、哲学は人間が生きている時空と自我との思考領域にある。

ニーチェ

宗教は大衆の哲学とも呼ばれている。「神」の存在を否定した実存主義者はフリードリヒ W. ニーチェ(1844－1900) である。ニーチェは「神は死んだ」と『ツァラトゥストラはかく語りき』の物語の中で、主人公に言わしている。

図表4-7 ニーチェの実存

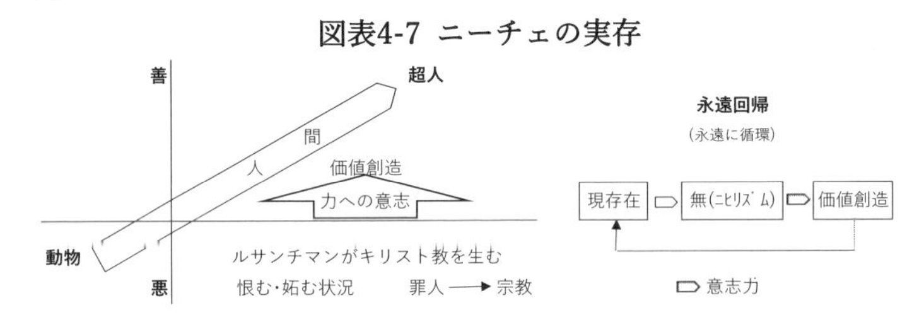

図表4-7はニーチェ哲学の構図である。人間は動物と超人との途上存在である。善なるものと善でないものが存している。非善の領域にニーチェ哲学の根底にある「神は死んだ」の思索がある。

彼はルサンチマンがキリスト教を生んだとしている。ルサンチマンは仏語で「恨み」や「妬み」を意味している。自分が不遇の状況にいるとき、自分の容姿、家族、組織や世の中を恨んでしまう。自己の状況を限界状況と感じ取ると、神に救いを求めるのが人間である。ニーチェは貴族的価値を善きものとしているが、キリスト教は価値観を転倒している。聖書に「金持ちが天国に行くのはラクダが針の穴を通るよりも難しい」と、貧しき者ほど救われると。日本にも「悪人正機説」があるように、罪人に救済の手を差し伸べるのが宗教である。日本では「悪人なおもて往生す」の説教の影響から一向一揆が起こった。フランス革命も宗教の教義が影響している。彼は「苦悩に対する懐疑、根本において貴族的道徳の一つの態度にすぎないこの懐疑は、フランス革命とともに始まった最後の大きな奴隷一揆の発生にも決して少なからぬ寄与をなしている。」(⑮,90頁)と、ルサンチマンを救済するのがキリスト教で、富や貴族的価値から転倒していると主張し、「神」を否定している。

人は動物として生まれ、超人を目指す人間である。ニーチェは「人間を」次のように記述している。

「人間」という類型をあらゆる仕方で高めることが、これまで貴族社会の仕事であった。…すなわち、魂そのものの内部に常に新しく距たりを拡大しようとするあの熱望、常により高い、より稀な、より遥かな、より広い、より包括的な状態の形成は起こりえなかったであろう。要するに、これこそはまさに「人間」という類型を高めることであり、道徳的な定式を超道徳的な意味に用いて言えば、不断に続けられた「人間の自己克服」にほかならないのだ。(⑮,303)

人間が野獣から脱却して、目指すものは「高貴なもの」とニーチェは説いている。新渡戸稲造も貴族の義務(ノブレス・オブリージュ)を見出し、その実践者に上杉鷹山がいた。しかしながら、現実の貴族制には「腐敗」が生じてしまうものである。

腐敗とは、本能の内部が無政府状態に脅かされるということの表現であり、「生」と呼ばれる情念の基礎が揺がされるということの表現である。腐敗は、それが現われる生の形態の相違に応じて、多少とも根本的に異なったものとなる。例えば、或る貴族制が、革命の当初におけるフランスのそれのように、崇高な嘔吐をもって自らの特権を抛棄し、自己自らをその道徳的感情の奔逸の犠牲に供してしまうならば、これこそは腐敗というものである。— これは本来、あの幾世紀も続いた腐敗の幕切れであったにすぎず、こうした腐敗のためにフランス貴族制は一歩一歩とその支配者的権能を手放して、王権の機能に（ついには全くその飾り物や装飾品に）堕したのであった。(⑮,304-305頁)

国の長には崇高な国家主導の役割があるにもかかわらず、政治行政の任に生きないで、利己的贅沢三昧の暮らしをしては、国王の腐敗に国民が反感をおぼえるのは必然である。組織の長は、その道徳性をもって、有能な専門家に権限を委譲して、統治するもので、その統治の全責任を負うものである。この無責任こそ長の腐敗である。

ニーチェは善と悪について、次のように記述している。

主人道徳と奴隷道徳[注3]とが存在する。…道徳的な価値区別は、一方において自らの被支配者に対する差別を快感をもって意識した支配的種族の間に生じ、— 他方ではあらゆる程度の奴隷や隷従者の間において成立した。前の場合には、「よい」という概念を規定する者が支配者たちである以上、魂の高められた誇らしい

> 状態こそが優越と位階決定をなすものと感じられる。高貴な人間は、こうした高められた誇らしい状態の反対を示すような者たちを自分たちから分離する。彼はこのような者どもを軽蔑する。この第一種の道徳にあっては、「よい」と「わるい」との対立は「高貴な」と「軽蔑すべき」というほどの意味であることは直ちに気づかれよう。― 「善」と「悪」との対立は別の由来をもっている。卑怯な者、戦々競々としている者、小心翼々たる者、目先の利益だけを考えている者は軽蔑される。同様に、眼界の狭い邪推深いもの、虐待に甘んじる犬みたいな人間、乞食じみた阿諛(アユ)者、わけても嘘つき者は軽蔑せられる。(⑮,308-309)

ニーチェは、善は高貴なもの、悪は軽蔑されるものと考えている。道徳は善に基づく行為である。彼は仁愛の行為を道徳とは考えていない。しばしば、権力者は仁愛を装い、人を手なずけようとする。高貴な人間とは次に示す。

> 高貴な種類の人間は、自分を価値の決定者として感じる。この種の人間は自分を是認されることを必要とはしない。彼は「私にとって有害なものはそれ自体として有害である」と判断する。彼は総じて物事に始めて栄誉を与えるものであると自覚している。彼は価値創造的なのである。彼は自分において認めるすべてのものを尊重する。このような道徳は自己讃美である。前景に立つのは充実の感情、溢れるばかりの力の感情、高い緊張の幸福、贈り与えようと望む富の意識である。
> ― 高貴な人間といえども不幸な者を助けるが、しかしそれは同情からではない。殆んどそうではなくて、むしろ却って力の充溢から生れる或る衝迫からである。高貴な人間は自分のうちに強力者を認めて尊び、更に自分自らを統御しうる者を、語ることと黙ることを心得ている者を、悦びをもって自分に対して峻厳と苛酷を行なう者を、またすべての峻厳と苛酷に敬意を表する者を尊敬する。(⑮,309-310頁)

高貴な人間の人助けは、同情心、尊敬を求めるものではなく、財力の余力からであり、無条件の行為である。高貴な人間は自分には厳格であり、また、そういう人を尊敬する。高貴な人間は「価値創造的」である。価値創造を厳格におこなうところに、ニヒリズムの思考が生起する。

永遠回帰

価値を創造する力、貴族的人格の形成力、人生を生きる力、意志力の支えが必要である。ニーチェは人間の精神の中で意志の作用を強調した思想家であった。永遠回帰と言う思想にも意志の支えが必要である。図表4-7に示した永劫回帰の図のごとく、現存在が受け止めた価値は、一端ことごとく批判し、無に押し込める。そして、無から価値を創造し、そこに生きてみる。この創造された在り方は、現存在に投影し、虚無へと、永遠に繰り返されるが、意志力により発展が行われる。

図表4-7に示された人間は、動物から超人へ向かって、登り続けるものである。人間は生まれ、そして死ぬという二律背反の存在である。この二律背反の止揚として人生がある。この人生を生きる力への意志が、我々に重要なものとなっている。山鹿素行の身だしなみの意志は、動物から人間への転換である。人間から高貴な人格者になるには、意志で自らを修練によって磨き上げなければならない。

永遠回帰の核に「無(ニヒリズム)」がある。ニーチェはキリスト教も虚無主義という。この宗教は、世俗には身分や財力などの差を決める価値を一切無価値とし、ニーチェの超人の価値などは価値がないものとして、罪人やルサンチマンに光をあてた。貴族的なものに貴族制度があるが、フランス国王・ルイ16世の絶対君主をニヒリズムの視点へ転向すれば、貴族制度の腐敗があるだけで、「貴族の義務」が見いだせなかった。虚無化により浮かび上がるのは、物事の本質に依拠する価値であり、この価値の実現する人間の意志力と結びつくことが熱望されている。

サルトル

ジャン=ポール C. A. サルトル(1905-1980)は、内生的キルケゴーや存在の極限を見つめたニーチェとことなり、一言で言えば「行動派文化人」であり、日本に来たこともあった。彼の著作『実存主義とは何か』は「実存主義」を流行語となるほどに広めた。図表4-8に彼の実存主義をしめしている。実存主義はどの哲学者でも、主体性から出発しているので、「実存は本質に先立つ」と言うものである。また、実存は現代哲学の特質である人間中心主義である。

キルケゴールの絶望は、また、不安を醸し出すが、サルトルの不安は行動するために付随する不安である。行動に先立つ意思決定に幾多の選択肢がある。この選択肢をどう選んだならば良いかの不安である。どの職業に就くか、どの人と結婚するか、しないか。人生には様々な事柄に、選択を迫ら

図表4-8 サルトルの実存主義

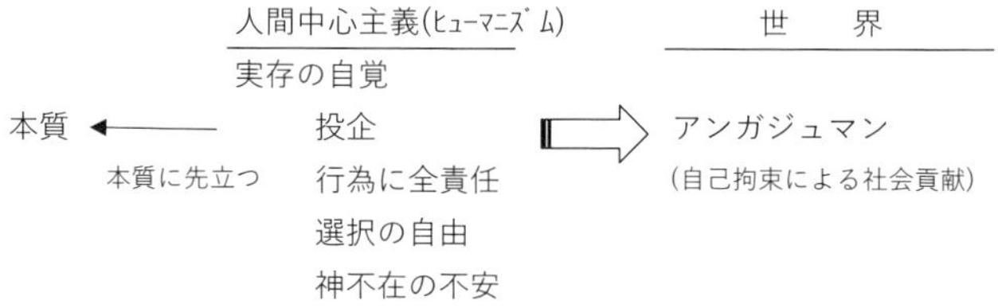

れている。職業の選択を親や教師の指示に従っても、親は子どもの進路に責任を持つことはできない。人権が保証されている国では職業選択の自由や婚姻の二人の合意が保証されている。実存主義は大人の哲学である。

人間の自由について、次のような記述がある。

> ドストエフスキーは、「もし神が存在しないとしたら、すべてが許されるだろう」と書いたが、それこそ実存主義の出発点である。いかにも、もし神が存在しないならすべてが許される。したがって人間は孤独である。なぜなら、人間はすがりつくべき可能性を自分のなかにも自分のそとにも見出しえないからである。人間はまず逃げ口上をみつけることができない。もしはたして実存が本質に先立つものとすれば、ある与えられ固定された人間性をたよりに説明することはけっしてできないだろう。いいかれえれば、決定論は存在しない。人間は自由である。人間は自由そのものである。もし一方において神が存在しないとすれば、われわれは自分の行いを正当化する価値や命令を眼前に見出すことはできない。こうしてわれわれは、われわれの背後にもまた前方にも、明白な価値の領域に、正当化のための理由も逃げ口上ももってはいないのである，われわれは逃げ口上もなく孤独である，そのことを私は、人間は自由の刑に処せられていると表現したい。刑に処せられているというのは、人間は自分自身をつくったのではないからであり、しかも一面において自由であるのは、ひとたび世界のなかに投げだされたからには、人間は自分のなすこと一切について責任があるからである。(⑯,50-51頁)

救い主のいない状況は孤独である。それゆえ、人間は自由な状況存在なのである。実存になりきれていない人の自由の誤解は「身勝手な行為」である。カントの人間の自由は「定言命令に従う」ことであり身勝手な行動は自由ではない。サルトルは人間の自由な行為には責任を伴うと説いている。責任の大きさは全世界に対して負うのである。近年、地球環境の持続可能性が意識されている。地球環境の保全を考慮して生活することが求められている。人間は、元来、自由があるものを、無責任な投票行動をしてしまったがゆえに、ドイツでのナチス党が躍進して、A. ヒトラーが台頭してしまった。自由と責任の課題は自己に留まらないのである。

現存在(自己自身)はこのように世界内存在であるが、自己自身の意識から実存が表出する。サルトルは次のように述べている。

> 人間は、みずからそう考えるところのものであるのみならず、みずから望むところのものであり、実存してのちにみずから考えるところのもの、実存への飛躍ののちにみずから望むところのもの、であるにすぎない。人間はみずからつくるところのもの以外の何ものでもない。以上が実存主義の第一原理なのである。これがまたいわゆる主体性であり、まさしくそのような名で世人がわれわれに非難しているものなのである。しかしわれわれがそれによって意味するのは、人間は石ころや机よりも尊厳であるということ以外にはない。というのは、われわれは人間がまず先に実存するものだということ、すなわち人間はまず、未来にむかってみずからを投げるものであり、未来のなかにみずからを投企することを意識するものであることをいおうとするのだからである。人間は苔や腐敗物やカリフラワーではなく、まず第一に、主体的にみずからを生きる投企なのである。この投企に先立っては何ものも存在しない。(⑯,42-43頁)

歴史上には実存に生きた偉人が多くいるが、凡庸な、多くの人に当てはまる実存を考えてみよう。人間の多くの願いはアリストテレスの最高善(幸福)である。幸福の実現には社会貢献としての職業を選択し、未来に向かって職業に就いて、この職能をたかめることである。実存とは多数ある職業から、自ら選択して、その職業に生きることである。実存は時空のなかにあり、投企は未来の時空に自らを投げ出すことである。カント哲学により人格を高めようとして、生きる事も実存である。ニーチェ哲学により、高貴なものを探求して生きる事も実存である。しかし、この生き方が実存であるとは言えない。それは、自己自身で真実であるという生き方を見出す点にあるからである。

ハイデガーの「世界内存在」の人間存在の器は、サルトルにあってはアンガジュマンという思想をうみだした。サルトルの実存主義は投企からアンガジュマンへ成長することであるとして、次のように記されている。

> あらゆる投企はあらゆる人間にとって理解しうるものだという意味において、一切の投企の普通性が存在する。そのことは、この投企が人間を最後的に定義するということをけっして意味するのではなく、投企は再発見されうるという意味である。充分な資料さえあれば、白痴や子供や原始人や外国人を理解する仕方はかならずある。この意味でわれわれは、人間の普通性が存在するということができる。しかしこの普通性は与えられたものではなく、不断に築かれるものである。私は自分を選ぶことによって普遍を築き、相手がいかなる時代に属そうとも、あらゆる他人の投企を理解することによって普遍を築く。選択のこの絶対性は、各時代の相対性を抹殺するものではない。実存主義が示そうと心がけているのは、自由なアンガジュマン ― このアンガジュマンによって各人は人間の一つの型を実現しつつ自分を実現していく。いかなる時代においても、またいかなる人間によってもつねに理解されうるこのアンガジュマン ― の絶対的性格と、このような選択の結果として生じうる文化的全体の相対性とのあいだのつながりである。(⑯,68-69頁)

アンガジュマンの事例として、先にも述べた医師・中村哲がいる。汚染された水を飲んで子供が死ぬので井戸を掘った。食料もなければ生きて行けないので、砂漠化した地に灌漑する水路を建設して、緑の農地へと開拓した。サルトルの投企は、ただ思うことでなく、思いを体を使って行動するものである。中村哲の徳行は真に平和な社会を築く礎である。

近年残念なことに、投企と対照的なニート(not in education, employment or training; NEET)という若年無業者が出現してきた。第二の誕生を意味する実存を見出し、就学し、就労し、社会への参画が、人間が生きて行く道である。アリストテレスは言う「人間は社会的動物である」と。

4-4-2.武士道の哲理

武士道精神を体系化した書は新渡戸稲造の『Bushido』である。山本常朝の『葉隠』も武士道精神を扱っているが、聞書であり武士道の断章であり、まとまりを欠いている。しかしながら「武士道とは死ぬこととみつけたり」は、実に武士道の本質にせまる言葉であり、この言葉には哲理がある。

武士道はア・プリオリ(先天的)な道徳である。カントの道徳論に「道徳は目的そのものである」とある。忠臣蔵の討ち入りについて、江戸の町民には、主君が切腹に書せられ、主君の願いを叶えるために、赤穂浪士が本懐を果たしたことを賛美する声もあった。賛美されるための行為は討ち入りが手段に転化してしまう。山本常朝は本懐を果たした後、泉岳寺で主君の墓前に報告後、直ちに切腹すべきと評していた。

カントの道徳は「自由はそれ自身を意志し、他人の自由を意味する」と。医師・中村哲は患者の病死の原因は汚い水であり、井戸を掘った、この徳行は子供の死を救う行為であった。さらに、食料で命をつなぐために、荒野の灌漑に取りかかった。荒野は農地となり、土地を捨てた元の住民が戻ってきた。中村哲の自己犠牲は多くの人々を救う道徳であった。

武家の子息は勇敢さを是としていたので、キルケゴールの絶望はしない。江戸時代に、来日した欧州人が、日本の子供達は大事に育てられ、教育をうけていた。自国のように尻を殴られたりはしていない。子供は殴られると、相手に怖さを抱き、やる気をそがれてしまう。ヤスパースの包括者への途上存在(Auf=dem=Wege=sein)の道は武士道のたゆまなく向上する在り方であり、武士道の器を構成している。

超人の能力は、人が届いてしまったならば超人ではない。ニーチェの動物と超人の間に人間が存在しているというように、ニーチェの人間は超人を目指す武士道そのものである。武士は戦いに勝つために鍛錬しているもので、戦いに勝つ力への意志に生きるのが武士である。

超人は理想であり、人間には届かないものである。ニーチェは貴族の気品を目指す目標としている。カントの人格へは、理性の真実、意志の道徳、感性の審美を人間が形成することで人格者となる。人間の理性はたやすく真実を見出す事は難しいという、人間理性の批判をカントはしている。人は誤りを繰り返す存在でもある。

武士道はニーチェ哲学に良く符合する。ある武士は超人への道へと鍛錬する。永遠回帰は、その武士は死し、生まれた子孫が武士道を歩む。こうして、武士道はこの世界で継続性を保っている。武士道の回帰は螺旋的である。鎌倉武士は蒙古軍とも戦った、戦いに勝つ武士道、室町武士は品格を兼ね備えた文武両道の武士道、戦国時代は太平を目論む武士道、江戸時代は武士道精神を高揚した武士道。明治維新は武士の身分を無くし、ただ武士道精神(武士道)で近代化に邁進した。

サルトルのアンガジュマンの自己犠牲の強烈さも武士道の「死」に見出される。山本常朝は社会や組織で生きているとき、死を選べば間違いないという。人権が尊重される現代では死は適していない。江戸時代でも私闘、殉死は禁じられていた。今日、会社で自分が安泰である仕事についているか、不採算の部門の立て直しや、新事業の立ち上げに志願するかの時、苦難の多い方を選べば間違いない、と言うことである。苦難の方を選び、軌道に乗れば、他の社員から称賛されるだろう。武士道精神は世界内存在の模範的在り方に通じている。

4-5.実存としてのアスリート

武士道精神を器とすれば、アスリートの競技種目はその内容である。カント哲学では物それ自体である。物それ自体は不可知のままであるが、物の現象により、物その自体に接近できる。エトムント G. A. フッサール (1859-1938)は「現象学」を打ち立てた。物(客体)と主体とは、カントにあっては自我の表象が先であったが、現象学では意識の志向性により同時に現れる。過去の知識は、デカルトの懐疑にならって、「括弧づけ」をする。物事の現象を把握して、正しいものは「先験的還元」がなされる。ハイデガーはフッサールの弟子であり、フランスのサルトルもメルロ=ポンティも現象学者である。

今日は情報社会であり、物そのものに接近する方法に、諸現象をデータとして測定する方法がある。この情報処理の技術はIoT(Internet of Things: 事物のインターネット)と呼ばれている。インターネットの先にはクラウドがあり、クラウドの先にはデータセンターがある。データセンターにはビッグデータを保存し、情報処理を可能とする。

手作業で、ビッグデータを処理した例として、膨大な航海日誌より地球上の風向きを調べた。この風向きデータから、鹿児島からシドニーの間に、東風が発生していることが明らかになった。この風向きは貿易風と呼ばれ、古くから知られている。知見として、帆船は西へ行くときにはこの風に乗り、東へ行くときにはこの風をさけることがえられた。

物そのものを掴むのに、目からの映像は主要なものである。人間には五感があり、目のほかに、耳の聴覚、鼻の臭覚、舌の味覚、皮膚の触覚である。スポーツをした後に、使用した筋肉に手を当てるとその調子が感じ取れる。IoTは物や物の動作にセンサーを付けて、デジタル化する。例えば、心臓の拍動を心拍データとして測定する。IoTで利用できるセンサーは何百種類とある。物それ自体への接近の技術は飛躍的に進歩している。メルロ=ポンティは人間の目による『知覚の現象学』を著わした。この観点で、物それ自体へ接近してみる。

蜂蜜をまねて、砂糖の濃さを加減して、口に含むと粘り気が感じられない。粘り気を出すために、水飴を使用したところで、蜂蜜そのものは不可知である。物はものそれ自体であるだけである。人間がただ早く歩くことと、スポーツとしての競歩は歩き方にルールがある。競技者のいずれかの足は地面についた状態でなければならない。前脚が接地の瞬間から垂直の位置になるまでの間に、ひざが伸びていなくてはならない。競技者も審査員もこれらのルールを意識する事でスポーツとしての競歩が成り立つ。そして、アスリートはあらゆる感覚を働かして、競技に臨んでいる。

メルロは物を見る視覚からの知覚を、絵画を例にして、次のように述べている。

> 現代絵画によるさまざまな探究は、興味深いことに科学的探究と一致しております。絵画の古典的教育では、デッサンと色彩を区別します。つまり、まず対象がとる空間性の図式つまり輪郭をデッサンし、それから色彩で輪郭の内部を塗るわけです。ところが、これとは逆にセザンヌはこう述べています。「色彩を塗るにつれて、デッサンも進むのだ」と。つまり、知覚的世界においても、知覚的世界を表現する絵画に関しても、対象の輪郭や形というものは、色彩の働きが止まってしまうこと、色彩の働きが劣化することとほとんど同じだ、と彼は言いたいのです。対象の輪郭は色彩の転調であって、それは[対象の]形、その固有色、表情、それと近くの対象との関係などのすべてを含むに違いない、と彼はいいます。セザンヌは、自然が私たちの目の前で対象の輪郭や形を生み出すように、それらを生み出そうとします。つまり、セザンヌは色彩を配列することによって輪郭や形を生み出します。こうして、彼の描くリンゴは、きわめて忍耐強く習作の手を加えられたとどのつまり、巧みだけれど力のないリンゴのデッサンの限界から外へと破裂し、そのことによって[リンゴの形に]膨らんで球形となるのです。

(⑰,67-68頁)

デッサンはリンゴの静物を二次元へと表わす技法であった。セザンヌはリンゴの印象である「球体で赤い」を色彩で描こうとしていた。描くにつれて、構図(デッサン)が浮かび、リンゴの配置は変更されるかもしれない。赤い色に濃淡を付け、丁寧に彩色を加えると、立体的なリンゴが表現される。リンゴの球体で赤いということが、セザンヌの存在企投である。この絵の鑑賞者は平面から、丸いリンゴが飛び出していると了解し、感心するのである。

知覚の現象学とアスリート

図表4-9　実存としてのアスリート

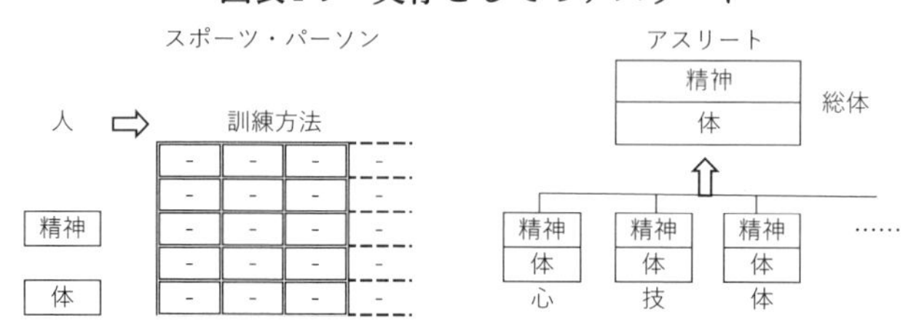

物それ自体は不可知、人間がある観点で物へと志向することで物事は表象する。スポーツとしての競歩はこのルールの意識無くして成り立たない。絵画は画家が存在企投を描出することで、鑑賞者が存在了解する。絵画の場合には描かれた中に画家の抽象的意味が込められている。この意味は鑑賞者が意味をくみ取れなかったり、くみ取ったり、さらには発展的に感受するかもしれない。この意味は言葉で表現できる場合を含む意識である。

スポーツにはルールがあるが、ルールを知るだけでは相手と競えない。スポーツの入門者は心と体が分裂している。ルールを守って競技できるようにするのが「訓練方法」である。訓練方法は無数に存在している。「これを知る人にはある。これを知らない人にはない。」と言うだけで、訓練を自覚して、鍛錬する事がスポーツマンに必要である。競歩のアスリートは歩く時間を競うものである。アスリートは心技体と競技の経験知などで精神と体の統合を目指すことにある。試合は選手自らが企投する場であり、観客は選手の競技具合を存在了解する。

小　括

武士道精神と実存主義の哲学との基底には「死」がある。武士道は道の道程がある。実存主義は時空の中の存在論である。武士道は戦い最中を除いて、雷艦長工藤俊作のように、敵であっても、良心にしたがって救助する。ここにカントの定言命令による、崇高な道徳がある。キルケゴールの絶望も、日々の智・勇・仁の鍛錬により、また、すでに死を見出しているから、物ともしないのである。武士道とニーチェ思想は適合する点がある。人間は動物と超人の間にいる存在。武士道も犬猫と違い、自ら身だしなみをして、人と接する。ニーチェが実在した目標すべきとした階層は貴族であった。新渡戸稲造もヨーロッパでの、貴族の義務(ノブレス・オブリージュ)を指摘していた。サルトルは口先だけの知識人に批判的であった。明治時代に、武士は刀を捨ても、武士道精神により、社会に投企して、死に物狂いで国作りをした。

宗教と哲学はともに普遍性を扱っているが、違いがある。哲学も武士道も違いがある。目指す目的は真理・真実の探求であるが、哲学は精神から、武士道は状況存在からと、接近に違いがある。哲学の妥当性を思考すると、ソクラテスの問答法に立ち返る。武士道の状況存在は次々と世代に引き継がれて洗練される。日本刀は機能と使い易さを、代々職人が高めて、美術品となった。道の上に立って思考すると、パルメニデスの「あるものはある。ないものはない。」という思考に立ち返る。思索には終わりはない。

図表4-10　哲学と武士道

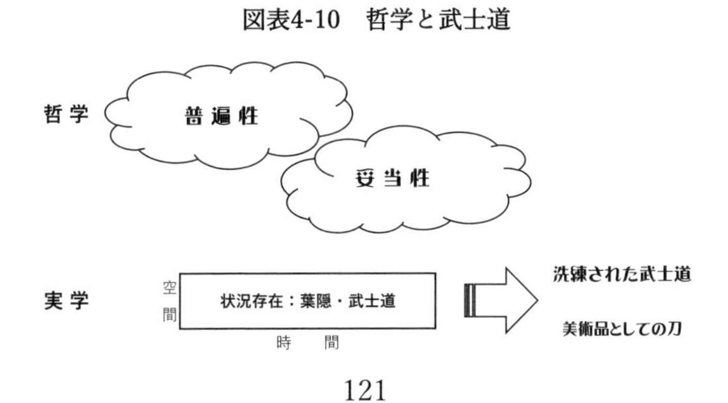

注

注1 新渡戸稲造“BUSHIDO: The Soul of Japan” IBC,1905,18頁。

宗教の道徳性について、岩井・片山共述『哲学への道』80頁に次の記述がある。「周知の如く長い中世期は、キリスト教の支配的な時代であり、哲学（理論哲学と実践哲学）の独自な発展はなかったといわれる。ギリシアの哲学は尊重され継承されたが、それはキリスト教の教義を神学として組織立てるためのものとしてであった。したがって実践の問題も、キリスト教の諸道徳を習得し実践して、神の救いと恵みに相応しい人間となり、この世的ならぬ天上的な清浄な幸福にあずかる、といったことが中心的関心事となって、いわば実践神学的に取り扱われた。そこで、かのプラトンの四主徳は重要ではあるがなお不完全であるとして、キリスト教の三主徳、信仰と愛と希望（これが天上的な幸福に導く）がそれら以上のものとして主張された。中世の最大の哲学者（というよりもむしろ神学者）トマス・アクイナス（Thomas Aquinas）の業績をみれば、右に述べたことは明白である。キリスト教の宗教的道徳的な精神内容が、ギリシア的な知性以上に、西洋人の心情と徳性を豊かならしめたことは否定できない事実である。」

注2 牧野紀之再話、波多野精一『西洋哲学史要』未知谷、2001年、218頁に次の記述がある。

「ア・プリオリ」は「先天的」で問題がないのですが、カントは自分の認識論をtranszendentalと形容しました。これは普通「先験的」と訳されるのですが、訳語で考えると、「先験的」と「先天的」とは、日本語としては、違いはないと思います。しかし、カントのtranszendentalはカント自身の定義によりますと、「先天的な認識能力の根拠を検討する」という意味であり、「先天的な認識論に関する」ということですから、「先天的」とは違いますし、そもそも「先験的」と訳すのは間違っているとすら思います。「先験論的」と訳すならまだ分からなくはないですが、ともかく日本語を見ても意味が。ピンときません。私は「認識論的」と訳していいと思っています。又、カント自身このtranszendentalを常に自分の定義した意味では使っておらず、「ア・プリオリ」(先天的)と同義に使っている場合も多いと思います。218

注3 奴隷道徳について、木場深定訳、ニーチェ『善悪の彼岸』311-312頁に、次のような記述がある。

道徳の第二の類型である奴隷道徳については事情は異なる。圧制された者、圧迫された者、忍苦するもの、自由のない者、自己自らに確信のない者、および疲労した者たちが道徳を云々するとすれば、何が彼らの道徳的評価の共通点となるであろうか。恐らくは、人間の全状況に対する厭世主義的な猜疑が表出され、多分は人間およびその状況に対する有罪が宣告されるであろう。奴隷の眼差しは、強力な者たちの徳に対して好意をもたない。彼は懐疑と不信をもつ。彼はそこで尊重されるすべての「よきもの」に対して敏感な不信をもつ。— 彼はそこでの幸福はそれ自身、本物ではないと自分に説得しようとする。その逆に、忍苦する者にその生存を楽にするに役立つような特性が引き出され、昭明を浴びせられる。ここでは同情が、親切な援助を厭わぬ手が、温情が、忍耐が、勤勉が、謙譲が、友誼が尊重せられることになる。

引用文献

⑨岩井義人・片山正直供述『哲学への道』和広出版、1976年。
⑩草薙正夫訳、ヤスパース『哲学入門』新潮文庫、1978年。
⑪木田 元『ハイデガーの思想』岩波書店、2015年。
⑫細谷貞雄訳、M. ハイデガー『存在と時間(上)』筑摩書房、1999年。
⑬細谷貞雄訳、M. ハイデガー『存在と時間(下)』筑摩書房、2010年。
⑭斉藤信治訳、キルケゴール『死に至る病』岩波書店、1974年。
⑮木場深定訳、ニーチェ『善悪の彼岸』岩波書店、2020年。
⑯伊吹武彦他訳、J-P. サルトル『実存主義とは何か』人文書院、1998年。
⑰菅野盾樹木訳、モーリス・メルロ=ポンティ『知覚の哲学』筑摩書房、2017年。
⑱雨宮健訳、J. O. アンダーソン『アリストテレス倫理学入門』岩波書店、1998年。
⑲牧野紀之再話、波多野精一『西洋哲学史要』未知谷、2001年。

著者プロフィール

町 田 耕 一（まちだ　こういち）

群馬県生まれ
駒澤大学大学院 商学研究科博士課程（単位取得退学）
（専門：会計情報システム、管理会計）
職業： 経営コンサルタント（ABC システム導入、原価改善）
趣味： テニス、ヴァイオリン

武士道を歩むアスリート

令和３年（2021年）５月20日　発行

著　者　町　田　耕　一

発　行　揺　籃　社

〒192-0056 東京都八王子市追分町10-4-101
TEL 042-620-2615　FAX 042-620-2616
URL https://www.simizukobo.com/

　ISBN 978-4-89708-456-5 C0010